원어성경으로 풀어가는

누가복음 I

사가랴와 엘리사벳의 간구함

원어성경으로 풀어가는

누가복음 I

사가랴와 엘리사벳의 간구함

임성환 지음

kmc

추천의 글

「원어성경으로 풀어가는 누가복음 Ⅰ」의 출간을 축하하며

전용재 감독(불꽃교회 담임)

작년 이맘때 임성환 목사의 「원어성경으로 풀어가는 사도행전」의 출간을 축하하고, 원어성경 연구를 통해 하나님의 말씀을 사랑하고 그 말씀대로 살고자 끊임없이 노력하는 저자의 진지하고 겸손한 모습을 진심으로 치하하고 격려한 바 있습니다. 그런데 목회 사역과 병행하며 불과 1년 만에 또다시 헬라어 원어성경 연구의 결실로 두 번째로 엮은 저자의 책을 대하고 보니, 본문 말씀이 전하고자 하는 깊은 뜻과 진리를 연구하고 그 감동을 나누고자 하는 저자의 노고가 더욱 소중하고 보배롭기만 합니다.

실로 우리 감리교회와 목회자들 그리고 참 양식을 얻고자 날마다 성경말씀을 읽고 묵상하는 모든 성도들에게 기쁘고 귀한 선물이라 하겠습니다.

신약성경을 계속하여 원어로 풀어보겠다는 저자의 소망에 따라 이번에 출간하게 된 「원어성경으로 풀어가는 누가복음 Ⅰ, 사가랴와 엘리사벳의 간구함」은 세례자 요한을 집중적으로 다루고 있습니다.

로마 치하에서 소망 없이 살아가고 있던 유대 민족에게 회개의 외침과 죄 사함의 세례를 베풀며 예수 그리스도의 오심을 예비했던 세례자 요한은 경건한 부모의 간구를 통해 바로 그때를 위해 하나님의 계획에 따라 보내어진 사람이었습니다. 그는 그 당시 형식적인 종교예식만을 좇으며 범죄하고 있던 자신의 민족을 향하여 광야에서 날카로운 회개의 메시지를 서슴없이 선포했던 예언자였습니다. 그의 메시지는 결코 사람들이 바라던 내용이 아니었고 듣는 이들의 마음을 찌르고 아프게 하는 것이었으나, 결국 많은 백성들로 하여금 회개의 세례 자리로 나아오게 했습니다.

하나님을 떠난 백성들이 회개하며 나아와 하나님의 백성으로 다시 세워지기를 소원하시고 계획하셨던 하나님께서는 제사장 사가랴에게 천사를 통해 '요한' 즉, '여호와께서는 은혜로우시다(자비로우시다)'는 뜻의 이름을 지닌 아들을 주셨습니다.

하나님께서는 세례자 요한을 회개와 세례를 통해 비로소 누리게 되는 하나님의 은혜와 자비를 증거하는 도구로 삼으신 것입니다. 오직 하나님의 목적과 뜻만이 온전히 드러나기를 바라며 묵묵히 빈 들에서 하나님의 말씀을 듣고 선하고, 자신의 제자들을 예수님께 보내어 주님을 따르게 한 후 순교에 이르게 되는 세례자 요한의 삶은, 그의 말처럼 예수님을 흥하게 하기 위해 자신의 쇠함을 실천한 것이었습니다.

하나님의 말씀이 한국 교회의 강단뿐 아니라 우리 삶의 모든 현장에서 살아 역사하게 되기를 바라는 지금과 같은 때에, 임성환 목사가 원어성경으로 누가복음을 풀며 특히 세례 요한을 조명하고 있음은 의미가 깊어 보입니다.

어렵고 혼란한 때일수록 우리들이 좇고 있는 모든 것을 다 내려놓고 오직 하나님의 뜻을 분별하고 따르기 위해 홀로 빈 들로 나아갈 수 있는 사명자가 필요합니다.

하나님의 영광과 말씀의 흥함을 위해 우리 자신의 쇠함을 선택하는 결단이 절실한 때입니다. 이 모든 것이 하나님의 말씀을 쉼 없이 연구하고 묵상하는 삶에서 시작된다는 점에서, 임성환 목사와 성실히 말씀 연구에 힘쓰는 신학도와 목회자들에게 더욱 큰 소망과 기대를 가져봅니다.

사도행전과 누가복음으로 이어지는 임성환 목사의 연구 열정이 앞으로도 계속되어 아주 풍성한 결실로 맺어지기를 바라며, 이 책을 접하게 될 많은 목회자들 역시 원어가 아니고서는 발견할 수 없는 하나님의 메시지에 사로잡히는 커다란 기쁨을 맛보게 되기를 기원합니다.

다시 한 번 축하의 말씀과 더불어 임성환 목사의 앞날에 주님의 함께 하심과 은총이 넘치시길 기원합니다.

추천의 글

「원어성경으로 풀어가는 누가복음 I」의 출간을 기뻐합니다

왕대일 목사(감신대 구약학 교수, 전 한국 구약학회 회장)

임성환 목사가 「원어성경으로 풀어가는 사도행전」에 이어서 「원어성경으로 풀어가는 누가복음 I」을 집필했습니다. 이 책은 일선 현장의 목회자가 하나님의 말씀을 원어성경으로 읽고 그 뜻을 풀어가는 대장정의 소개입니다. 말씀의 세계로 들어서서 걷는 그 여정에서 찾고 깨달은 감격을 여러 독자들과 나누려는 열정이 매 쪽마다 새겨져 있습니다. 그만큼 일지, 일기, 고백의 성격을 띠고 있습니다.

우선, 누가복음에서 발견한 신앙언어의 주요개념 20개를 목회자의 심정으로 추적하고 설교자의 열정으로 풀어냈습니다. 그러면서 강단에 선 성직자의 자세로 사가랴와 엘리사벳, 세례 요한의 세계를 원어성경으로 설교하기의 마당으로 삼았습니다. 그런 뒤에 저자인 임성환 목사가 한 사람의 신앙인으로 헬라어 공부를 하게 된 계기와 성경암송의 중요성을 솔직하게 털어놓는 대화의 장을 마련했습니다.

사실, 임성환 목사는 개인적으로도 그 자신이 오래전부터 성경을 필사하여 소장하는 감동을 실천하고 있습니다. 헬라어 신약성경을 손으로 한 글자, 한 글자 정성껏 써가면서 말씀을 읽고, 외우고, 깨닫고, 나누고 있습니다. 히브리어 성경도 쓰기 시작해서 이제 토라(오경) 부분을 끝내고 가쁜 숨을 가다듬고 있습니다.

성경말씀을 써본다는 것은 말씀을 귀로 듣던 때와는 무척 다른 경험을 하게 됩니다. 말씀이 눈에 보이고, 말씀이 손에 들리고, 말씀이 마음에 와 닿다가, 나중에는 말씀이 나를 붙들어 주는 또 다른 경지에 들어서게 됩니다. 임성화 목사가 쓴 「원어성경으로 풀어가는 누가복음 I」은 그런 경험의 산물이자 그런 감동의 나눔입니다. 독자 여러분 모두에게 이 책을 권하는 까닭도 여기에 있습니다. 임성환 목사가 신학교에서 수학할 때 그를 가르치고 그를 인도했던 선생으로서 청출어람(靑出於藍)의 보람을 맛보게 하시는 하나님의 은총을 제가 기리는 이유도 여기에 있습니다. 여러분 모두의 일독을 권합니다.

저자의 글

하나님께서 주시는 기쁨과 평안을 바라보며

「원어성경으로 풀어가는 누가복음 I, 사가랴와 엘리사벳의 간구함」은 세 개의 장으로 이루어졌습니다. 1장에서는 누가복음에 나오는 신앙의 언어들을 원어를 통하여 해설했습니다. 2장에서는 세례자 요한을 이해하는 데 도움이 될 일곱 편의 설교를 담았습니다. 세례자 요한을 살펴보기 위해서는 그의 부모님, 사가랴와 엘리사벳부터 살펴보아야 합니다. 세례자 요한은 사가랴와 엘리사벳이 간구한 서원의 아들이기 때문입니다. 그래서 책의 부제를 〈사가랴와 엘리사벳의 간구함〉이라고 정했습니다. 3장에서는 하고 싶은 몇 마디를 에세이로 적었습니다. 이 책에서 다루지 못한 누가복음의 나머지 부분들은 「원어성경으로 풀어가는 누가복음 II」로 곧 출간할 계획입니다.

과분한 추천의 글을 써 주시고 격려해 주신 중앙연회 전용재 감독님, 왕대일 교수님께 머리 숙여 감사드립니다. 포천지방 시온교회 박선서 목사님, 이인수 사모님께 깊은 감사를 드립니다. 전남서지방 목포제일교회 김덕부 목사님, 시흥남지방 영광교회 윤보환 목사님께 감사드립니다. 2010년 스페인 마요르카에서 열렸던 유럽신년부흥성회 기간 중 귀한 강의 자리를 마련해주신 포천지방 일동교회 정학진 목사님께 감사드립니다. 제가 설 수 없는 자리였지만, 애쓰시고 손해 보시면서까지 제게 자리를 마련해주셨습니다. 정학진 목사님께서 마련해주신 그 귀한 손해의 기회가 저의 사도행전과 누가복음의 발원지입니다.

귀한 목회지를 허락해 주신 박용진 목사님께 머리 숙여 감사드립니다. 신화교회 이정열 장로님, 이숙자 장로님, 김기두 장로님 그리고 모든 교우들과 함께 출산의 기쁨을 나눕니다. 『원어성경으로 풀어가는 사도행전』을 기쁨으로 구입해 주시고 후원해 주신 모든 선배 목사님들께 진심으로 감사의 인사를 드립니다. 보고 싶고 사랑하는 장민수, 김석하! "빈 들에서" 하나님의 종으로 세워지기를 기도한다.

어머님 주실언 사모님, 어머니의 위로가 되어 주시는 류경혜 전도사님, 아우 성재에게 늘 감사합니다. 사랑하는 아내 이진숙 사모와 사랑하는 단비와 건명에게 고마움을 전합니다. "주께서 내 마음에 두신 기쁨은 그들의 곡식과 새 포도주가 풍성할 때보다 더하니이다 내가 평안히 눕고 자기도 하리니 나를 안전히 살게 하시는 이는 오직 여호와이시니이다." (시 4:7~8) 곡식과 새 포도주의 풍성함이 아니라, 하나님께서 주시는 기쁨과 평안을 바라보게 하신 하나님께 모든 영광과 감사를 올려드립니다.

2012년 11월

저자 **임성환** 목사(신화교회)

Contents

추천의 글 • 4
저자의 글 • 10
헬라어 알파벳과 읽기 • 14
헬라어 발음 • 15

I. 누가복음에서 신앙언어의 개념 찾기

요한(Ἰωάννης–요안내스) 여호와께서는 은혜로우시다(자비로우시다) • 18
은혜 – I 기쁨(χάρις–카리스) • 22
은혜 – II 값없이 베풀어 주시는 선물(χαρίζομαι–카리조마이) • 25
경건 – I 하나님을 두려워함(εὐλαβής–율라배스, 형용사, 경건한) • 28
경건 – II 좋은 것, 성령을 영접하는 것(εὐλάβεια–율라베이아, 명사) • 30
주재 – I 절대군주(δεσπότης–데스포태스) • 33
주재 – II 통치자(βασιλεύω–바실류오, βασιλεύς–바실류스, βασιλεία–바실레이아) • 35
지혜 – I 비교, 종합하는 능력으로서의 지혜(σύνεσις–쉬네시스) • 38
지혜 – II 하나님께서 주시는 선물로서의 지혜(σοφία–소피아) • 42
지혜 – III 실천적인 지혜–지혜의 완성(φρόνησις–프로내시스) • 45
하늘이 열리며(ἀνοίγω–아노이고, σχίζω–스키조, 막 1:10) 하늘을 찢어 주신 하나님 • 47
얼마 동안(ἄχρι καιροῦ–아크리 카이루) 작전상 후퇴하여 전열을 가다듬는 사탄 • 50
하나님의 때(καιρός–카이로스) 하나님께서 계획하신 시간 • 54
권위(ἐξουσία–엑수시아) 권위는 현상이 아니라 본질에서 나옵니다 • 56
물러가다(ὑποχωρέω–휘포코레오) 무리로부터 벗어나기를 힘쓰신 예수님 • 59
엿보다(παρετηροῦντο–파레태룬토) 서기관들과 바리새인들의 악의적인 태도 • 63
고백(들음)**과 행함의 관계** 고백(들음)에서 행함으로 나아가는 신앙 • 66

실족하다(σκανδαλίζω–스칸달리조) 마귀의 함정, 유혹, 미혹에 빠지다 • 69
예언자(προφήτης–프로패태스)
하나님을 향하여 서서 말씀을 받고, 세상을 향하여 서서 하나님의 말씀을 대언하는 자 • 72
씨는 하나님의 말씀이요
(Ὁ σπόρος ἐστὶν ὁ λόγος τοῦ θεοῦ.–호 스포로스 에스틴 호 로고스 투 쎄우) • 75
주여 주여 우리가 죽겠나이다(Ἐπιστάτα ἐπιστάτα,–에피스타타 에피스타타, 주여 주여) • 78

II. 원어성경으로 풀어가는 누가복음 설교
– 사가랴와 엘리사벳의 간구함

사가랴와 엘리사벳 • 84
사가랴의 간구함 • 93
요한(Ἰωάννης–요안내스) • 101
빈 들에(ἐν ταῖς ἐρήμοις–엔 타이스 에래모이스) • 107
죄 사함을 받게 하는 회개의 세례 • 115
그는 흥하여야 하겠고 나는 쇠하여야 하리라!
요한, 예수 그리스도의 청지기, 무익한 종 • 124
오실 그이가 당신이오니이까 우리가 다른 이를 기다리오리이까? • 134
사명의 완성 • 144

III. 신앙의 기준으로 돌아가게 하는 원어성경

설교 잘하는 목사가 되게 해 주세요 • 148
암송과 연상 • 151
복음성가 〈부흥〉 "이땅의 무너진 기초" • 157
저온화상 • 160

헬라어 알파벳과 읽기

신약성경을 기록한 헬라어 알파벳과 읽기 및 발음을 소개합니다. 발음은 미묘한 부분이기에 대략적인 발음을 한글로 표기합니다.

소문자	대문자	읽기	발음	소문자	대문자	읽기	발음
α	Α	알파	아	ν	Ν	뉘	ㄴ
β	Β	베타	ㅂ	ξ	Ξ	크시	ㅋㅅ
γ	Γ	감마	ㄱ	ο	Ο	오미크론	오
δ	Δ	델타	ㄷ	π	Π	피	ㅍ
ϵ	Ε	엡실론	에	ρ	Ρ	로	ㄹ
ζ	Ζ	제타	ㅈ	σ(ς)	Σ	시그마	ㅅ
η	Η	애타	애	τ	Τ	타우	ㅌ
θ	Θ	쎄타	ㅆ(th)	υ	ϒ	웝실론	위
ι	Ι	이오타	이	φ	Φ	피	ㅍ
κ	Κ	카파	ㅋ	χ	Χ	키	ㅋ
λ	Λ	람다	ㄹㄹ	ψ	Ψ	프시	ㅍㅅ
μ	Μ	뮈	ㅁ	ω	Ω	오메가	오

헬라어 발음

1. 모음

α(아)　ϵ(에)　η(애)　ι(이)　ο(오)　ω(오)　υ(위)

2. 이중모음

ϵι(에이)　οι(오이)　αυ(아우)　ϵυ(유)　ου(우)

3. 주의해야 할 알파벳

1) σ(ς), 시그마는 단어 끝에서는 ς로 표기합니다.

2) γ(감마)가 κ, χ, ξ 앞에 올 때는 'ㄱ'이 아니라, 'ㅇ'로 발음합니다.

4. 숨표

1) 연기식 – 최초 모음이나 이중 모음 위에 '를 붙입니다.

2) 강기식 – 모음 α(아)　ϵ(에)　η(애)　ι(이)　ο(오)　ω(오) 위에 강기식 '가 붙으면, 발음이 '하', '헤', '해', '히', '호'로, '유'는 '휴'로, '아우'는 '하우'로 변합니다.

5. 개인적인 약속

1) ϵ(엡실론)은 '에'로, 그리고 η(애타)는 '애'로 발음 표기하겠습니다.

2) θ(쎄타)는 'th' 발음입니다. 'ㅌ', 'ㄷ'으로도 표기하는데, 'ㅆ'로 표기하겠습니다.

더 자세하게 배우고 싶은 분은 헬라어 문법책을 참고하세요.

I. 누가복음에서 신앙언어의 개념 찾기

I. 누가복음에서 신앙언어의 개념 찾기

요한('Ιωάννης－요안내스)

여호와께서는 은혜로우시다(자비로우시다)

> "천사가 그에게 이르되 사가랴여 무서워하지 말라 너의 간구함이 들린지라 네 아내 엘리사벳이 네게 아들을 낳아 주리니 그 이름을 요한이라 하라"(누가복음 1장 13절)

요한('Ιωάννης－요안내스)이란 이름은 히브리어 여호하난(יְהוֹחָנָן－예호하난), 요하난(יוֹחָנָן－요하난)을 헬라어로 음역한 이름입니다. 그 의미는 '여호와께서는 은혜로우시다－자비로우시다.'입니다. 이름은 누가 지어주느냐에 따라 그 의미를 달리 생각해 볼 수 있습니다. 대개 이름은 부모가 지어 줍니다. 자녀가 그 이름과 같은 사람이 되기를 바라는 소원과 바람을 담아 이름을 짓습니다. 그러나 "요한"이란 이름은 하나님께서 지어 주셨습니다. 누가복음 1장 13절을 보면, 하나님께서 천사를 통해 그의 아버지 사가랴 제사장에게 이름을 지어 주셨습니다. "… 너의 간구함이 들린지라 네 아내 엘리사벳이 네게 아들을 낳아 주리니 그 이름을 요한이라 하라."

하나님께서 "요한"이라는 이름을 지어 주셨습니다. 그러므로 "요한"이라는 이름에는 하나님의 소원과 바람이 담겨 있습니다. 하나님께서 그를 그 이름, 요한대로 쓰시겠다는 하나님의 거룩하신 계획과 의지가 담겨 있습니다. 하나님께서는 요한을 통해 '하나님의 은혜로우심-자비로우심'을 나타내시고자 계획하셨습니다. 그러므로 우리는 요한의 삶과 사명을 '하나님의 은혜로우심-자비로우심'을 증언하는 관점에서 주목하여 살펴보아야 합니다.

요한의 삶은 한 마디로 세례자의 삶이었습니다. 그래서 그를 '세례자 요한'이라고 부릅니다. 하나님께서는 요한을 통하여, 구체적으로 그의 세례를 통하여 '하나님의 은혜로우심-자비로우심'을 나타내시고자 하셨습니다. 그러므로 요한의 세례는 하나님의 은혜-자비로우심을 나타내는 통로였습니다. 그렇다면, 세례란 무엇일까요? 세례자 요한의 고백과 선포를 통해 세례의 근본적이며, 중요한 의미를 살펴볼 수 있습니다. 누가복음 3장 7절, 세례자 요한은 "세례 받으러 나아오는 무리에게" 8절, "그러므로 회개에 합당한 열매를" 맺으라고 선포합니다. 회개를 선행해야 세례를 받을 수 있다고 촉구합니다. 이러한 요한의 선포는 세례와 회개의 관계를 나타냅니다. 그리고 더 나아가서는 회개와 세례를 통해 누리게 되는 하나님의 은혜-자비와의 관계까지 살펴볼 수 있습니다.

마태복음 3장 11절, "나는 너희로 회개하게 하기 위하여 물로 세례를 베풀거니와…." 요한의 세례는 단순한 의식, 행사가 아니라, 회개를 목적으로 하고 있습니다. 하나님께서는 요한을 통해 죄인들에게 세례를 베풀어 주셨고, 그 세례를 통해 회개를 요청하셨습니다. 회개란 회(悔), 뉘우치는 것과, 개(改), 고치는 것입니다. 마음으로 뉘우치는 것만이 아니라, 그 행동, 습관을 고치는 것까지를 회개라고 합니다. 뉘우치기만 하고, 행위를 고치지 않는다면 온전한 회개가 아닙니다. 회개는 헬라어로 μετάνοια(메타노이아, 명사)입니다. 동사는 μετανοέω(메타노에오)입니다. 이 말은 '~와 함께', '~후에'를 의미하며, '바꾸다-변경하다'의 의미까지 지니는 전치사 μετά(메타)와 '마음'을 의미하는 νοῦς(누스)의 합성어입니다. νοῦς(누스)의 더 세밀한 의미는 'mind', 'thought', 'attitude', 'intention'을 의미합니다.

그러므로 헬라어 μετανοέω(메타노에오)는 '의식을 바꾸다', '지금까지의 삶의 방식, 생활, 습관, 의도를 바꾸다'는 의미입니다. 뉘우치는 것만이 아니라, 바꾸는 것까지 나아가는 것이 회개입니다. 죄인인 인간의 측면에서는 지금까지의 의식, 삶의 방식, 의도를 바꾸고, 돌이켜 하나님께로 돌아가는 것이 회개입니다. 하나님의 측면에서는 죄인을 불러 자녀 삼아 주시기 위한 첫 과정, 첫 번째 요청이 회개입니다. 요한은 회개와 세례를 연결했습니다.

하나님께서는 죄인을 불러 자녀 삼아 주시는 은혜로우신-자비로우신 분이십니다. 은혜로우신 하나님께서 죄인들에게 은혜를 베풀어 주시기 위해 요한을 택하셨습니다. 그에게 그 사명을 의미하는 요한이란 이름을 주셨습니다. 그리고 그 사명을 이룰 수 있는 사역, 회개의 세례의 사역을 맡기셨습니다. 하나님께서는 요한의 회개의 세례를 통해 하나님을 떠난 백성들이 회개하며 하나님께 나아와 하나님의 백성으로 세워지기를 소원하시고 계획하셨습니다.

하나님께서 요한의 삶, 그의 회개의 세례의 사역을 통해 요한, '여호와는 은혜로우신-자비로우신 분'임을 드러내셨습니다. 오늘 우리에게도 하나님께서 주신 신앙의 이름이 있습니까? 그 이름이 담고 있는 하나님의 계획과 소원을 이루기 위해 세례자 요한처럼 달려가는 성도 되시기를 기도합니다.

은혜 – I

기쁨(χάρις–카리스)

“천사가 이르되 마리아여 무서워하지 말라 네가 하나님께 은혜를 입었느니라”(누가복음 1장 30절)

‘은혜’라는 표현은 신앙의 대표적인 언어들 중 하나입니다. 성도들이 자주 사용하는 표현입니다. 은혜란 헬라어로 χάρις(카리스)입니다. 이 단어의 동사형은 χαίρω(카이로)이며 그 뜻은 ‘기뻐하다’입니다. 이러한 기본적인 의미를 바탕으로 우리가 고백하는 ‘은혜 받았습니다.’라는 표현을 ‘기쁨을 얻었습니다.’라는 의미로 생각해 볼 수 있습니다.

예배와 말씀, 찬송과 기도, 봉사의 삶 안에서 하나님께서 주시는 기쁨을 얻을 때 우리는 ‘은혜 받았습니다.’라고 고백합니다. 하나님께서는 기쁨의 근원이십니다. 모든 인생에게 기쁨을 주시고, 모든 인생에게 참 기쁨이 되시는 하나님은 은혜의 하나님이십니다. 하나님 안에서, 하나님을 경배하는 예배와 찬송, 말씀과 기도, 봉사 안에서 기쁨을 얻고, 발견하는 신앙인은 기쁨, 은혜를 입은 성도입니다. 하나님께서 성도들에게 주시는 기쁨이 은혜입니다.

하나님께서 마리아에게 잉태하여 아들을 낳을 것을 고지해 주셨습니다. 처녀인 마리아는 깜짝 놀랐습니다(눅 1:29). 그러나 이 놀라운 소식은 마리아에게도 기쁨의 소식이 되었습니다. 하나님의 은혜를 입은, 하나님께로부터 큰 기쁨을 얻은 마리아가 고백합니다. "마리아가 이르되 주의 여종이오니 말씀대로 내게 이루어지이다…."(눅 1:38) 마리아에게 임한 하나님의 이 은혜를 누가복음 2장 10절은 "큰 기쁨의 좋은 소식"이라고 표현합니다. 하나님의 은혜는 큰 기쁨의 좋은 소식입니다. 은혜는 기쁨, 참 기쁨입니다.

성도들이 기쁨으로 여기는 것은 다양합니다. 그러므로 '어떤 기쁨인가?'를 짚고 넘어가는 것은 중요합니다. 하나님께서 주신 기쁨이 아닌데, 그것을 하나님께서 주신 기쁨이라고 여기고 추구하는 것은 문제가 있기 때문입니다. 성도들이 은혜, 기쁨이라고 여기는 것은 크게 두 가지입니다. 하나는 하나님께서 주시는 신앙의 기쁨(은혜)입니다. 나머지 하나는 내 생각의 기쁨, 사람의 기쁨입니다. 물론 사람의 기쁨이 하나님께서 주시는 기쁨과 일치한다면, 문제 될 것은 없습니다. 그러나 대개 사람의 기쁨, 우리 인생이 추구하는 기쁨은 하나님께서 주시고자 하시는 기쁨, 성숙한 신앙인이 지향해야 할 기쁨과는 많은 차이가 있습니다. 사람의 기쁨, 인생들이 바라고 고대하는 기쁨의 특징은 받는(얻는) 것에서 오는 기쁨입니다. 복을 받고, 좋은 것을 얻는 것에서 오는 기쁨입니다.

그러나 성숙한 성도가 지향해야 하는 은혜(기쁨)는 받거나 얻는 것에서 오는 기쁨이 아닙니다. 다윗은 성전건축을 준비하며 하나님께 드리는 은혜를 경험했습니다. 하나님께 드릴 수 있는 것, 헌신할 수 있는 기회를 얻는 것이 어떤 것을 얻을 때보다 더 기쁘고, 은혜가 된다는 것을 말씀해 줍니다. 우리의 신앙이 여기까지 성장해야 합니다. 이사야 11장 3절은 성숙한 성도의 기쁨이 어떤 것인지 말씀해 줍니다. “그가 여호와를 경외함으로 즐거움을 삼을 것이며….” 여호와께 무엇을 얻어서, 받아서가 아니라, 여호와를 경외할 수 있는 것, 예배 드릴 수 있는 것, 예배 안에서 직분을 맡아 봉사하고, 헌금을 드릴 수 있는 것, 이 자체가 기쁨, 은혜입니다. 이런 기쁨을 귀한 하나님의 은혜로 여길 수 있는 영적인 통찰력을 소유해야 합니다.

우리는 기쁨의 기준을 무엇을 얻는 것에 둡니다. 그러나 이제부터는 하나님께 드리고 바칠 수 있는 것에 은혜의 기준을 두어야 합니다. 그리고 하나님을 경외할 수 있는 것, 예배 드릴 수 있는 것에 기쁨을 두고, 그것이 우리에게 가장 큰 은혜임을 기억해야 할 것입니다.

은혜 – II

값없이 베풀어 주시는 선물(χαρίζομαι–카리조마이)

"이르시되 빚 주는 사람에게 빚진 자가 둘이 있어 하나는 오백 데나리온을 졌고 하나는 오십 데나리온을 졌는데 갚을 것이 없으므로 둘 다 탕감하여 주었으니 둘 중에 누가 그를 더 사랑하겠느냐 시몬이 대답하여 이르되 내 생각에는 많이 탕감함을 받은 자니이다 이르시되 네 판단이 옳다 하시고"(누가복음 7장 41~43)

'기뻐하다'를 의미하는 χαίρω(카이로)에서 파생한 동사, χαρίζομαι(카리조마이)가 있습니다. 이 단어는 '친절을 베풀다', '값없이 주다'는 의미를 가지고 있습니다. 하나님께서 모든 인생에게 베풀어 주신 친절, 죄인에게조차도 값없이 베풀어 주신 용서와 사랑의 의미를 담고 있습니다. 은혜의 두 번째 의미는 하나님께서 죄인에게 베풀어 주신 은혜를 담고 있습니다.

누가복음 7장 42~43절에서 표현된 "탕감"이란 표현이 χαρίζομαι(카리조마이)를 번역한 것입니다. 빚을 아무런 조건 없이 탕감하여 주는 것은 (너무나 큰) 친절을 베푸는 것이며, 값없이 주는 것, 곧 하나님의 은혜(선물)입니다. 이러한 의미는 에베소서 4장 32절에서 표현된 "용서"(χαρίζομαι–카리조마이)에서도 살펴볼 수 있습니다. 하나님께서 죄인인 우리를 값없이 용서해 주신 것과 같이 우리도 그런 삶을 살라고 당부하십니다. 죄인을 값없이 용서해 주신 하나님의 은혜를 전하는 삶을 살라는 것입니다. 하나님께서는 은혜의 하나님이십니다. 죄인에게 값없이 기쁨을 나눠주시고, 용서와 사랑을 주시고, 용납해 주시는 하나님이십니다.

누군가로부터 기쁨과 사랑, 용서와 감사를 얻는다는 것은 큰 기쁨입니다. 이러한 은혜는 삶과 신앙의 에너지로 환원됩니다. 사랑받은 사람이 사랑할 수 있다고 합니다. 그에게 그 사랑은 에너지가 되어 다른 사람을 사랑할 수 있게 해 줍니다. 그렇게 하나님의 사랑, 하나님의 은혜가 퍼져 가기를 기도합니다. 기쁨과 감사, 용서도 마찬가지입니다. 이러한 은혜를 입은 자는 그 에너지를 통해 남에게 그런 은혜를 끼치고 나눠줄 수 있습니다. 하나님께서 죄인 된 우리에게 주시는 은혜는 우리의 삶과 신앙에 에너지가 됩니다. 우리는 하나님께서 주신 사랑, 용서, 기쁨, 감사라는 은혜의 에너지를 통해 많은 것들, 하나님께서 우리에게 기대하시는 것들을 이루고, 성취할 수 있습니다.

하나님께 가장 큰 은혜를 입은 사람 중에 사도 바울이 있습니다. 그는 죄인 정도가 아니라, 자신이 고백한 것과 같이 죄인 중에 괴수와 같은 자였습니다. 하나님께 잘못한 것, 지은 죄가 누구보다 많았습니다. 하나님께서는 그런 바울을 용서해 주셨습니다. 기쁨과 은혜를 허락해 주셨습니다. 죄인 중에 괴수와 같은 자신이 하나님께 용서와 사랑, 은혜를 받았다는 사실은 바울에게는 누구와도 비교할 수 없는 큰 기쁨, 큰 은혜였습니다. 하나님의 이 선물은 바울에게 신앙의 에너지가 되었습니다.

바울은 이 큰 에너지를 자신에게 주어진 사명을 위해 사용했습니다. 아무리 큰 고난과 환난, 어려움이 닥쳐온다 할지라도, 하나님께 받은 기쁨, 용서와 구원의 감격이 그보다 훨씬 더 컸기에 바울은 환난조차도 넉넉히 이기고 넘어갈 수 있었습니다. 그렇게 하나님께서 주신 큰 신앙의 에너지로 사명을 감당한 바울은 초대교회, 초기 기독교 역사에 큰 사명을 감당할 수 있었습니다.

큰 은혜를 받는 성도가 되어야 합니다. 하나님께서 누구에게는 큰 은혜를, 누구에게는 작은 은혜를 주시는 분이 아니십니다. 그러므로 이 말은 자신에게 주어진 하나님의 은혜를 많이 발견하는 성도가 되라는 말입니다. 죄인인 내게도 공평하게 베풀어 주신 하나님의 무한한 은혜를 많이 발견하면 할수록 그는 더 큰 신앙의 에너지를 공급받아 자신에게 주어진 사명을 크게 감당할 수 있습니다. 그러나 큰 사명을 감당하는 것은 아닙니다. 하나님께서 주신 사명에 크고 작은 구별이 있겠습니까? 다섯 달란트, 두 달란트 받은 이에게 모두 '작은 일에 충성하였다.'고 말씀해 주셨습니다. 하나님의 사명, 내게 맡겨 주신 사명을 감당하는 것입니다. 하나님의 계획과 뜻을 위해 쓰임 받는 것이 큰 사명입니다.

하나님께서 내게 주신 사명을 감당하는 성도가 되어야 합니다. 오늘 하나님께서는 큰 사명을 감당하는 자가 아니라, 하나님께서 주신 사명을 크게 감당하는 성도를 찾으십니다. 큰 사명이 아니라, 주신 사명을 크게 감당하시기를 기도합니다.

경건 – I

하나님을 두려워함(εὐλαβής–율라배스, 형용사, 경건한)

> "예루살렘에 시므온이라 하는 사람이 있으니 이 사람은 의롭고 경건하여 이스라엘의 위로를 기다리는 자라 성령이 그 위에 계시더라"(누가복음 2장 25절)

"주의 그리스도를 보기 전에는 죽지 아니하리라는 성령의 지시를 받은" 시므온은 경건한 자였습니다(눅 2:25~26). 하나님을 섬기는 많은 성도, 신앙인이 시므온과 같은 경건한 삶, 경건한 신앙을 살고자 합니다. 하나님의 자녀인 우리가 살아내야 할, 만들어내야 할 경건이란 무엇일까요? 어떤 모습일까요?

대부분의 신앙인들은 이 물음을 풀기 위해서 경건하다고 여겨지는 모습, 모양을 닮으려고 애를 씁니다. 그러나 그런 현상을 추구하는 방법으로는 경건을 이룰 수 없다는 것을 경건을 위해 노력하고 애쓰는 도중에 우리는 자연스럽게 알게 됩니다. 경건은 경건하다고 여겨지는 모양, 겉모습을 닮아서 이룰 수 있는 것이 아닙니다. 경건하고자 노력은 하는데 채워지지 않는 자신을 바라보며 그것이 방법이 아니었음을 깨닫습니다.

'경건'을 의미하는 헬라어 εὐλαβής(율라배스)는 '경건한'을 의미하는 형용사입니다. '경건하다'를 의미하는 동사 εὐλαβέομαι(율라베오마이)의 기본적인 의미는 '두려워하다', '하나님을 두려워하다'입니다. 두려워하는 것이 경건한 것입니다. 곧, 하나님을 두려워하는 자세에서 경건해질 수 있다는 말입니다. 하나님을 두려워함, 곧 하나님을 경외함과 경건의 관계는 이렇습니다. 하나님을 경외하는 성도에게서 나오는, 표현되는 행동, 모습, 자세는 조심스럽고, 겸손하며, 삼가는 언행일 것입니다. 바로 이러한 언행이 경건입니다.

경건의 모양, 행위를 본받는 자가 아니라, 하나님을 두려워하는 자, 하나님을 경외하는 자가 경건한 성도로 세워질 수 있습니다. 하나님을 두려워한다는 것, 곧 '경외'는 두려움만을 의미하는 것은 아닙니다. 단순히 두려움만이라면, 그것은 '공포'라고 해야 합니다. 하나님은 공포가 아니십니다. '경배-숭배하며 두려워하는 것'이 '경외'입니다. 하나님을 섬기며-경배하며 두려워할 줄 아는 성도가 하나님을 경외하는 성도입니다. 그리고 경건한 성도입니다.

'경건'을 의미하는 헬라어 εὐλαβής(율라배스)는 우리에게 경건의 구체적인 모습을 알려주지는 않지만, 신앙의 경건을 만들어낼 수 있는 통로를 알려줍니다. 하나님을 경외-경배하고, 두려워함으로 경건한 성도로 세워질 수 있습니다.

경건 – II

좋은 것, 성령을 영접하는 것(εὐλάβεια–율라베이아, 명사)

하나님을 경외하는 자세가 경건입니다. '경건'을 의미하는 명사 εὐλάβεια(율라베이아)도 '두려움', '경외'의 의미를 지니고 있습니다. 명사 εὐλάβεια(율라베이아)는 '경건'을 만들어내는 또 하나의 출처를 알려줍니다. 이 단어는 '좋은'을 의미하는 εὐ(유)와 '취하다', '받아들이다'를 의미하는 동사, λαμβάνω(람바노)로 이루어졌습니다. 직역의 의미로는 '좋은 것을(혹은 좋게) 취하다'입니다.

경건은 많은 신앙인들의 관심입니다. 경건한 성도가 되기를 소원합니다. 그러나 많은 신앙인들이 경건의 모양, 겉모습에만 집착합니다. 경건의 모양만 닮으려고 노력하고 애씁니다. 그러니 경건의 모양을 닮은 듯하지만, 경건의 뿌리, 곧 경건의 능력이 없기에 경건이 사라지고 맙니다. 문제는 경건을 소원하지 않아서가 아닙니다. 경건을 이루기 위해 애쓰지만, 경건을 이루는 방법에 대한 지식이 없어서 문제입니다. 소원함만으로는 경건을 이룰 수 없습니다. 소원을 이룰 방법에 대한 지식까지 구비되어야 온전하다 말할 수 있습니다. 잠언 19장 2절입니다. "지식 없는 소원은 선하지 못하고…."

디모데후서 3장 5절입니다. 사도 바울은 "경건의 모양은 있으나 경건의 능력은 부인하는 자니 이 같은 자들에게서 네가 돌아서라"고 디모데에게 당부합니다. "경건의 모양"만 가지는 것은 아무 의미가 없습니다. "경건의 능력"을 소유해야 합니다. "경건의 모양"만 추구하기에 "경건의 능력"을 이루지 못하고, 수고함에도 경건을 얻지 못하는-헛수고하는 사람들에게 경건, εὐλάβεια(율라베이아)의 직역의 의미를 살피는 것은 큰 도움이 됩니다.

경건은 '좋은 것을 취하는 것, 받아들이는 것'입니다. 이 개념 역시 경건의 모양, 경건의 구체적인 모습에 대해 알려주지 않습니다. 그러나 경건을 이룰 수 있는 방법, 그 출처를 알려줍니다. 경건을 이룰 수 있는 길은 '좋은 것을 취하는 것'입니다. 그렇다면, '좋은 것'이란 무엇일까요? 마태복음 7장 11절입니다. "너희가 악한 자라도 좋은 것으로 자식에게 줄 줄 알거든 하물며 하늘에 계신 너희 아버지께서 구하는 자에게 좋은 것으로 주시지 않겠느냐."

마태복음 7장 11절에 "좋은 것"이 소개되었습니다. 하나님 아버지께서 주시는 "좋은 것"의 구체적인 내용을 살펴보기 위해서는 본문과 병행되는 누가복음 11장 13절을 함께 보아야 합니다. "너희가 악할지라도 좋은 것을 자식에게 줄 줄 알거든 하물며 너희 하늘 아버지께서 구하는 자에게 성령을 주시지 않겠느냐." 마태복음 7장 11절과 누가복음 11장 13절을 연결해서 살펴보면, "좋은 것"은 "성령"입니다.

'좋은 것을 취하는 것'이 경건이라고 했습니다. 그러므로 경건은 '성령을 취하는 것', '성령을 받아들이는 것'입니다. 성령을 영접한 사람은 성령의 사람이 될 것입니다. 성령의 사람에게서 나오는 언행은 성령의 열매입니다. 갈라디아서 5장 22~23절이 소개하는 "사랑과 희락과 화평과 오래 참음과 자비와 양선과 충성과 온유와 절제"의 모습은 그 자체로 경건입니다. 성령을 영접한 자가 경건의 열매, 경건의 모습을 소유하고, 나타낼 수 있습니다.

경건은 모양을 흉내 내어 이룰 수 있는 것이 아닙니다. 경건이 흘러나오게 해야 합니다. 성령님을 영접하여서 예수 그리스도의 복음을, 하나님의 사랑의 은혜를 영접하여서 하나님의 사람이 되어 하나님의 사람다운 언행이 흘러나오게 해야 합니다. 그 언행이 경건입니다. 마태복음 12장 35절입니다. “선한 사람은 그 쌓은 선에서 선한 것을 내고….” 선한 사람, 성령의 사람은 선한 것, 성령의 것, 곧 경건을 이릅니다.

우리는 선한 것, 선한 일, 선한 열매를 위해서 애씁니다. 하나님의 선한 일에 목표를 세워 애쓰는 것이기에 좋은 자세, 좋은 신앙입니다. 그러나 이것보다 하나 더 수준 높은 신앙이 있습니다. 그것은 선한 열매, 선한 일, 경건을 만들어내는 선한 사람, 선한 나무가 되기 위해 달려가는 신앙입니다. 어렵겠지만, 성도가 하나님의 선한 사람이 될 수만 있다면, 그에게서 나오는 모든 언행은 경건일 것입니다. 한 마디의 말, 하나의 눈짓조차도 경건일 것입니다.

좋은 것, 성령을 영접하는 성도가 되어서 경건의 모양 뿐 아니라, 경건의 능력까지도 이루는 성도로 세워지기를 기도합니다.

주재 – I

절대군주(δεσπότης–데스포태스)

"주재여 이제는 말씀하신 대로 종을 평안히 놓아 주시는도다"

(누가복음 2장 29절)

본문의 "주재"를 표현하는 헬라어 δεσπότης(데스포태스)는 '전제군주–절대군주'를 의미합니다. 전제군주제에서는 주권이 군주에게 있으므로 군주가 곧 나라고 법입니다. 그렇기에 무소불위의 권력을 행사하며 법과 헌법, 국민 위에 군림합니다. 사람에게 이러한 무소불위의 권력이 집중되니 당연히 폐해가 있을 수밖에 없습니다. 전제군주의 이러한 폐해를 해결하는 방안으로 입헌군주제가 등장합니다. 입헌군주제는 주권을 군주가 아니라, 국민에게 둡니다. 군주도 헌법의 틀 안에서 일정한 제약을 받습니다.

시므온은 하나님을 δεσπότης(데스포태스)라고 부릅니다. 시므온에게 하나님은 입헌군주가 아니라, 전제군주–절대군주십니다. 시므온뿐만 아니라, 모든 성도들에게도 하나님은 전제군주–절대군주십니다. 누구든 전제군주 되신 하나님 앞에서는 종과 같습니다. 설령 그가 아무리 크고 놀라운 일을 감당했다 할지라도 하나님 앞에서는 종과 같습니다. 예수님께서 누가복음 17장 10절에서 말씀하신 "무익한 종"과 같습니다. 비록 주인을 위해 많은 수고와 고생을 감당했다 할지라도, 그

것을 주인 앞에서 내세울 수 없습니다. 내세울 것도 없습니다.

하나님께서는 성도의 절대군주십니다. 사람은 절대군주가 되어서는 절대로 안 됩니다. 그러나 하나님께서는 모든 인생의 절대군주가 반드시 되셔야만 합니다. 사도 바울은 예수 그리스도의 복음을 위하여 고린도후서 11장의 고난과 환난을 감당했습니다. 그러나 자신의 수고와 고난을 조금도 내세우지 않았습니다. 자신은 하나님께 무익한 종이기에, 하나님께서 자신의 전제군주-절대군주시기에 그런 것입니다.

δεσπότης(데스포태스), '전제군주-절대군주'에 담긴 또 하나의 의미는 '소유자', '통치자로서의 소유자'입니다. 하나님은 모든 성도의 소유자십니다. 하나님은 모든 성도를 통치하시는, 다스리시는 소유자십니다. 그러므로 하나님께서 모든 성도의 δεσπότης(데스포태스), 절대군주 되시는 것은 우리가 하나님의 통치를 받을 때, 하나님의 다스리심을 받을 때 실질적으로 이루어집니다. 하나님의 통치, 다스리심을 받을 때, 하나님을 하나님으로 고백하고 영광 돌리는 것입니다. 하나님의 통치, 다스리심 안에 거하는 성도가 되어야 하나님을 진정한 왕, δεσπότης(데스포태스)로 영접할 수 있습니다.

주재 – II

통치자(βασιλεύω–바실류오, βασιλεύς–바실류스, βασιλεία–바실레이아)

> “그러나 내가 만일 하나님의 손을 힘입어 귀신을 쫓아낸다면 하나님의 나라가 이미 너희에게 임하였느니라”(누가복음 11장 20절)

앞에서(주재–I) 살펴본 것과 같이 주재, δεσπότης(데스포태스)는 ‘통치자로서의 소유자’에 그 의미가 있습니다. 하나님께서 우리의 주재되시는 것은 하나님께서 우리를 통치하심으로 우리를 다스리시고 소유하시는, 우리가 하나님의 통치 받음으로 소유되는 것에 있습니다. 이러한 의미를 잘 나타내 주는 헬라어 단어 βασιλεύω(바실류오), βασιλεύς(바실류스), βασιλεία(바실레이아)를 δεσπότης(데스포태스)와 함께 살펴보는 것이 필요합니다.

βασιλεύω(바실류오)는 ‘왕이 되다’는 기본적인 의미를 가지고 있습니다. 또한 이 단어는 왕이 되는 혹은 왕으로 세워지는 것의 목적을 나타내 ‘통치하다’는 의미로도 사용됩니다. 그러므로 이 동사의 명사형 βασιλεύς(바실류스–왕)는 ‘왕’이라는 그 자체에 의미가 있는 것이 아니라, ‘통치하는 자로서의 왕’에 본질적인 의미가 있습니다. 왕의 자리에 앉았다 할지라도, 통치하지 않는 자, 통치하지 못하는 자는 왕이 아닙니다. 왜냐하면, 왕을 규정하는 본질적인 기준과 그의 위엄이 ‘통치’,

'다스림'에 있기 때문입니다.

같은 어원에서 파생한 명사인 '나라', '왕국'을 의미하는 βασιλεία(바실레이아)는 이러한 의미, '통치'와 '다스림'의 의미를 잘 나타냅니다. βασιλεία(바실레이아), '왕국'은 왕의 통치, 다스림이 이루어지는 곳으로서의 왕국을 의미합니다. 세상의 왕국은 영토개념에만 관심을 가집니다. 그러나 진정한 왕국은 영토개념에 통치, 다스림의 개념이 함께해야 합니다. 마태복음 6장 10절입니다. "나라가 임하시오며 뜻이 하늘에서 이루어진 것 같이 땅에서도 이루어지이다." 하나님의 뜻, 하나님의 통치와 다스리심이 이땅(영토) 위에 이루어져야 진정한 하나님의 왕국입니다.

이러한 개념은 예수님과 세례자 요한의 메시지에서도 살펴볼 수 있습니다. 세례자 요한의 메시지입니다. "그 때에 세례 요한이…회개하라 천국이 가까이 왔느니라 하였으니."(마 3:1~2) 예수님의 메시지입니다. "이 때부터 예수께서 비로소 전파하여 이르시되 회개하라 천국이 가까이 왔느니라."(마 4:17) 주님과 세례자 요한의 메시지를 '영토개념의 나라'로만 이해했기에, 로마로부터 독립하는 것만을 궁극적인 관심으로 삼았습니다. 그래서 메시아를 정치적인 메시아로만 이해했던 것입니다.

살펴본 바와 같이 하나님의 나라는 영토의 개념과 함께 '하나님의 통치', '하나님의 다스림'이 임하는 곳, 이루어지는 곳, 실현되는 곳입니다. 하나님의 통치와 다스림이 이루어진다면, 그곳은 하나님의 나라가 됩니다. 그렇기에 세상의 소외자인 세리와 창기들에게도 하나님의 나라가 이루어지는 것입니다. 누구든지 하나님의 다스림과 통치

아래 머문다면, 그는 하나님의 백성이 되는 것이고, 그곳은 하나님의 나라가 되는 것입니다.

마태복음 7장 21절입니다. "나더러 주여 주여 하는 자마다 다 천국에 들어갈 것이 아니요 다만 하늘에 계신 내 아버지의 뜻대로 행하는 자라야 들어가리라." 하나님의 나라는 아버지 하나님의 뜻이 이루어지는 나라, 곧 하나님의 통치와 다스림이 이루어지는 나라기에 "내 아버지의 뜻대로 행하는 자", 하나님의 통치와 다스림을 받는 자만 들어갈 수 있습니다.

누가복음 11장 20절입니다. "그러나 내가 만일 하나님의 손을 힘입어 귀신을 쫓아낸다면 하나님의 나라가 이미 너희에게 임하였느니라." "하나님의 손을 힘입어", 곧 하나님의 권능을 힘입어 귀신을 쫓아낸다면, 그곳은 하나님의 권능의 다스림이 임하시는 하나님의 나라(ἡ βασιλεία τοῦ θεοῦ-해 바실레이아 투 쎄우)가 되는 것입니다. 하나님의 나라는 하나님의 다스림과 통치가 실질적으로 행사되는 곳입니다. '보이는 교회'라는 영토적인 개념에만 집착하여 하나님의 다스리심, 통치라는 '보이지 않는 교회'에 소홀해서는 안 될 것입니다. 하나님의 다스리심을 받는 진정한 하나님의 백성, 성도, 자녀 되시기를 기도합니다.

지혜 – I

비교, 종합하는 능력으로서의 지혜(σύνεσις–쉬네시스)

"듣는 자가 다 그 지혜와 대답을 놀랍게 여기더라"(누가복음 2장 47절)

"지혜"를 의미하는 헬라어 단어는 크게 네 가지입니다. σοφία(소피아), φρήν(프랜), φρόνησις(프로내시스), σύνεσις(쉬네시스)입니다. 이 단어들은 "지혜"를 의미하지만, 나름대로의 차이를 가지고 있습니다. 이러한 다양함은 "지혜"의 여러 측면을 설명하는 것이라 할 수 있습니다. 지혜의 다양한 측면의 의미를 파악하기 위해서는 네 가지 단어를 살펴야 합니다. 여기서 φρήν(프랜)과 φρόνησις(프로내시스)는 어원을 같이하므로 하나의 의미로 묶을 수 있습니다. 이렇게 보면, 지혜를 표현하는 헬라어 단어는 세 가지며, 지혜에는 세 가지 측면이 있음을 알 수 있습니다.

먼저, σύνεσις(쉬네시스), 지혜입니다. 본문의 표현 "지혜"는 σοφία(소피아), φρήν(프랜), φρόνησις(프로내시스)가 아니라, σύνεσις(쉬네시스)로 기록되었습니다. 본문의 "지혜"를 σύνεσις(쉬네시스)로 표현한 것은 안성맞춤입니다. 본문의 "지혜"를 σοφία(소피아)나 φρήν(프랜), φρόνησις(프로내시스)로 표현했다면, 정확한 의미를 담아낼 수 없었을 것입니다. 본문의 "지혜"를 σύνεσις(쉬네시스)로 표현한 것이 정말로 안성맞춤인지를 살펴보려면, 본문의 배경과 상황을 σύνεσις(쉬네시스)의 의미와 함께 살펴보아야 합니다. 이때 본문의 배경과 그 의미가 σύνεσις(쉬네시스)의 의미와 일치한다면, 본문의 "지혜"를 σύνεσις(쉬네시스)로 기록한 것은 정확한 표현이라 할 수 있을 것입니다.

먼저, 본문의 배경, 상황입니다. 예수님의 말씀을 "듣는 자가 다 그 지혜와 대답을 놀랍게 여겼습니다." 예수님의 "지혜와 대답", 곧 주님의 '지혜로우신 대답'에 모두 놀랐습니다. 그렇다면, 예수님의 지혜와 대답, 지혜로운 대답의 출처는 어디일까요? 본문은 예수님의 σύνεσις(쉬네시스)의 지혜의 출처를 밝혀주고 있습니다. 누가복음 2장 46절, "사흘 후에 성전에서 만난즉 그가 선생들 중에 앉으사 그들에게 듣기도 하시며 묻기도 하시니." 예수님께서 듣기도 하시며 묻기도 하셨습니다. 예수님의 배움의 과정을 알려주는 중요한 단서입니다. 예수님께서는 선생들에게서 들으시며 율법을 이해하셨습니다. 혹 모르시는 것, 이해가 되지 않으시는 것, 또는 더 자세히 그들의 마음을 알고자 하시는 것은 물으셨습니다. 이렇게 물으시면서 율법을 이해하셨습니다.

'듣는 것과 묻는 것'은 오늘날 배움의 과정에 있어서도 중요한 통로입니다. 들음으로 이해할 수 있고, 의문이 나는 것은 물음으로 이해를 키우고 넓힐 수 있습니다. 이러한 '들음과 물음'의 과정을 통해 우리들은 어떤 사실, 현상에 대해서 비교하고 종합할 수 있는 능력을 얻게 됩니다. 듣고 묻는 것은 비교하며 종합하는 과정입니다. 그리고 이러한 비교와 종합의 과정을 통해 지혜를 얻게 됩니다.

본문에 기록된 σύνεσις(쉬네시스)의 지혜가 바로 이러한 의미를 나타냅니다. σύνεσις(쉬네시스)는 동사 σύνειμι(쉬네이미)에서 유래합니다. 이것은 '~와 함께'를 의미하는 σύν(쉰)과 '있다', '~이다', 영어로 'be동사'를 의미하는 εἰμι(에이미)로 이루어졌습니다. 그 뜻은 '함께 있다', 'be with'입니다. 여기서 유래한 συνίημι(쉬니애미)는 '함께 있는 것'으로서의 의미를 내포하여 '모으다', '이해하다'를 뜻합니다. 이렇게 '모으는 것(비교)과 이해하는 것(종합)'으로서의 의미로부터 σύνεσις(쉬네시스), '비교하고 종합하는 지혜'가 유래됐습니다.

하나님의 독생자, 성자 예수 그리스도께서도 σύνεσις(쉬네시스)의 지혜를 가지고 계십니다. 그렇다면, 우리들, 목회자이든 성도든 우리들도 σύνεσις(쉬네시스)의 지혜를 가져야 하는 것은 두말할 필요도 없습니다. 하나님의 말씀을 들으시고, 또 물으시면서 비교, 종합하여서 지혜, σύνεσις(쉬네시스)를 얻으신 예수님이십니다. 우리도 더욱 하나님의 말씀을 듣고, 또 물어서 하나님의 말씀을 비교, 종합하여 σύνεσις(쉬네시스)의 지혜를 얻어야 할 것입니다. 그렇게 성경을, 주님의 말씀을 상고(ἀνακρίνοντες τὰς γραφὰς-아나크리논테스 타스 그라파스, 행 17:11)해야 할 것입니다.

비교, 종합하는 σύνεσις(쉬네시스)의 지혜를 통하여 우리는 하나님의 말씀, 메시지에 더 가까이 나아갈 수 있습니다. 우리가 사모해야 할 지혜입니다. 하나님의 말씀, 성경을 비교하고 종합하기 위해서, 특별히 정확하고 올바르게 비교하고 종합하기 위해서 노력하고 애써야 할 것입니다. σύνεσις(쉬네시스)의 지혜는 우리에게 '비교와 종합'이라는 배움의 사모함과 노력, 수고를 요구합니다.

이런 수고를 기울이지 않는다면, σύνεσις(쉬네시스)의 지혜를 귀히 여기지 않는다면 우리는 비교하고 종합하는 능력을 키울 수 없게 될 것이고, 결국 어느 한 말씀에만 집착하게 되어 그것만 선택하게 될 것이고, 그 선택은 결국 편견으로 변질될 것이고, 이 편견은 또 고집으로 고착될 것입니다. 이 과정이 이단의 특징을 정확하게 설명합니다. 이단은 자신들이 좋아하는 말씀만 선택해서 고집하는 자들입니다. σύνεσις(쉬네시스)의 지혜, 비교와 종합을 추구하는 수고와 노력으로 하나님의 말씀, 뜻에 더 가깝게 다가가야 할 것입니다.

지혜 – II

하나님께서 주시는 선물로서의 지혜(σοφία–소피아)

"내가 너희의 모든 대적이 능히 대항하거나 변박할 수 없는 구변과 지혜를 너희에게 주리라"(누가복음 21장 15절)

앞서 살펴본 σύνεσις(쉬네시스)의 지혜는 사람의 비교, 종합하는 능력으로 얻을 수 있는 지혜입니다. 그러나 사람의 노력만으로는 지혜를 얻을 수 없습니다. 사람의 지혜가 무궁할 것이라는 것은 무책임한 낙관일 뿐입니다. 역사가 그것을 증명합니다. 이에 반해 지혜, σοφία(소피아)는 하나님께서 주시는 선물입니다. 지혜는 사람의 힘만으로 얻을 수 있는 것이 아닙니다. 지혜의 근원되시는 하나님께서 주셔야 얻을 수 있습니다. 누가복음 21장 15절은 하나님께서 모든 대적이 대항하거나 변박할 수 없는 지혜(σοφία–소피아)를 주실 것이라 말씀합니다.

하나님께서는 요셉에게 지혜를 주셨습니다. 창세기 39장 2~5절입니다. "여호와께서 요셉과 함께 하시므로(2절)." 요셉의 지혜로운 언행을 바라보며 보디발은 하나님께서 요셉과 함께하심을 깨닫게 되었을 것입니다. 그래서 보디발은 요셉을 가정 총무로 삼고 자기의 소유를 다 그의 손에 위탁했습니다(4절). 그 결과 여호와의 복이 그의 집과 밭에 있는 모든 소유에 임했습니다(5절). 보디발의 집에 임한 여호와의 복은 하나님께서 주신 복이며, 또한 하나님께서 요셉에게 지혜를 주셔서 잘 치리하게 한 결과기도 합니다.

하나님께서는 솔로몬에게도 지혜를 주셨습니다. 누가복음 11장 31절입니다. "심판 때에 남방 여왕이 일어나 이 세대 사람을 정죄하리니 이는 그가 솔로몬의 지혜로운 말을 들으려고 땅 끝에서 왔음이거니와 솔로몬보다 더 큰 이가 여기 있으며." 솔로몬의 지혜는 그의 노력의 산물이 아니라, 하나님께서 주신 선물임을 열왕기상 3장 9절이 말씀합니다. "누가 주의 이 많은 백성을 재판할 수 있사오리이까 듣는 마음을 종에게 주사 주의 백성을 재판하여 선악을 분별하게 하옵소서." 솔로몬은 왕으로서 나라를 다스리고 백성을 재판할 지혜-분별력을 구했고, 하나님께서는 그의 기도와 간구를 들으사 지혜-분별력을 선물로 주셨습니다. 하나님께서 주시는 지혜, σοφία(소피아)입니다.

하나님께서 주시는 지혜, σοφία(소피아)의 모습은 두 가지입니다. 먼저, 인생이나 어떤 사건과 일, 그리고 신앙에 대한 깊고 폭넓은 이해, 귀중한 통찰력으로서의 지혜입니다. 이러한 지혜는 인생과 신앙에 분별력과 판단력을 제공해 줍니다. 인생, 신앙생활의 매순간이 선택의 갈림길임을 우리는 잘 압니다. 그 갈림길에서 어떤 길을 선택하느냐가 우리 인생과 신앙의 방향을 좌우합니다. 하나님께서 주시는 분별력과 통찰력으로서의 지혜는 우리에게 사람들이 발견하지 못하고, 알지 못하는 "좁은 문"(눅 13:24)을 발견하고 선택할 수 있게 해 줍니다.

그것은 내가 선택한 것이 아닙니다. 하나님께서 주신 지혜가 우리의 걸음을 '좁은 문, 협착한 길'로 인도한 것입니다. 결국 우리를 '생명으로 인도하는 좁은 문, 협착한 길'로 들어서게 하시는 분은 하나님이십니다. 하나님께서 인도하시는 삶과 신앙이 생명입니다. 하나님께서 주시는 지혜를 힘입어 이 길을 선택하고 걸을 수 있습니다.

지혜의 두 번째 모습입니다. 누가복음 2장 40절입니다. "아기가 자라매 강하여지고 지혜가 충만하며 하나님의 은혜가 그의 위에 있더라." 본문은 예수님의 지혜가 충만해졌다고 말씀합니다. 이 말의 의미는 예수님께서 율법지식, 곧 하나님의 법, 뜻에 대한 통찰력이 충만해지심을 의미합니다. 물론 예수님의 율법지식, 하나님의 법에 대한 통찰력은 바리새인과 사두개인이 얻은 것과는 다릅니다. 또 하나 이 말의 의미는 예수님의 경건한 삶의 모습을 의미합니다. 하나님의 법에 대한 지혜를 통해 하나님께서 요구하시는 삶을 살아가시는 경건한 주님의 삶의 모습입니다. 이것은 지혜의 실천적 측면입니다. 궁극적인 지혜는 실천하는 지혜입니다.

지혜 – III

실천적인 지혜–지혜의 완성(φρόνησις–프로내시스)

"주인이 이 옳지 않은 청지기가 일을 지혜 있게 하였으므로 칭찬하였으니 이 세대의 아들들이 자기 시대에 있어서는 빛의 아들들보다 더 지혜로움이니라"(누가복음 16장 8절)

인간의 노력으로도 얻을 수 있는 지혜, σύνεσις(쉬네시스)와 하나님께서 주시는 선물인 지혜, σοφία(소피아)를 통해 사람은 분별력과 판단력을 얻을 수 있습니다. 지혜를 얻을 수 있습니다. 그러나 하나님께서 주시고자 하시는 지혜에는 한 가지가 더 있습니다. 하나님께서 뜻하시는 온전한 지혜가 이루어지기 위해서는 하나의 과정이 더 연장되어야 합니다. 그것은 '실천'입니다. '실천' 없는 지혜는 아직 지혜로 태어나지 않은 것입니다. 가능성의 단계에서 실천의 단계로 드러날 때, 세상 모든 사람이 지혜를 바라볼 수 있습니다.

마태복음 7장 24절입니다. "그러므로 누구든지 나의 이 말을 듣고 행하는 자는 그 집을 반석 위에 지은 지혜로운 사람 같으리니." 주님이 말씀, 그 지혜의 말씀을 듣고 이해했다고 할지라도, 그 지혜를 행하지 않는 사람은 "어리석은 사람"(26절)입니다. 지혜로운 사람은 주님의 지혜의 말씀을 그대로 행하는, 실천하는 자입니다. 주님께서는 지혜를 실천하는 자를 지혜로운 사람(φρόνιμος–프로니모스, 형용사)이라고 말씀하셨습니다.

누가복음 16장 8절입니다. "주인이 이 옳지 않은 청지기가 일을 지혜 있게 하였으므로 칭찬하였으니…." 직분을 빼앗길 위기에 놓인 청지기는 이 난감한 상황 속에서 주인이 기뻐할 일을 신속하고도 단호하게 실행했습니다. 주인은 이 청지기의 이런 행동–실천에 일을 지혜 있게 하였다고 칭찬했습니다. 주인이 칭찬한 청지기의 지혜는 주인의 마음을 헤아린 신속하고도 단호한 실천성에 있습니다.

φρόνησις(프로내시스)는 지혜를 실용–실천적인 차원에서 설명합니다. 분별력, 이해력, 통찰력, 그리고 판단력의 연장선상에서 이 모든 과정을 "지혜"로 마무리 짓는 것이 바로 φρόνησις(프로내시스), 실천적인 지혜입니다. 온전한 지혜로 나아가기 위해서는 세 가지 모습의 지혜를 구비해야 합니다. 하나님께서 주시는 σοφία(소피아)와 우리가 감당해야 할 노력으로서의 σύνεσις(쉬네시스) 그리고 이 지혜를 실천으로 이끌어낼 φρόνησις(프로내시스)입니다.

하나님께서 주시는 지혜 σοφία(소피아)를 통하여 내가 감당해야 할 노력으로서의 σύνεσις(쉬네시스)를 이루고, 이 지혜를 하나님의 영광을 위하여 실천(φρόνησις–프로내시스)으로 끌어내는 지혜로운 성도되시기를 기도합니다.

하늘이 열리며(ἀνοίγω-아노이고, σχίζω-스키조, 막 1:10)

하늘을 찢어 주신 하나님

> "백성이 다 세례를 받을 새 예수도 세례를 받으시고 기도하실 때에 하늘이 열리며"(누가복음 3장 21절)

예수님께서 세례자 요한에게서 세례를 받으시는 장면이 누가복음 3장 21절과 마태복음 3장 16절에 기록되어 있습니다. 두 본문은 예수님께서 세례를 받고 올라오시자 하늘이 열리며 하나님의 소리가 있었다고 기록합니다. 닫혔던 하늘이 열렸기에 하나님의 음성이 들리게 된 것입니다. 위의 두 본문과 병행구를 이루는 마가복음 1장 10절은 하늘이 갈라졌다고 기록하고 있습니다. '갈라지다'는 표현은 σχίζω(스키조)로, '찢어지다', '찢다'를 의미합니다. 하늘이 찢어졌기에 하나님의 음성이 들렸습니다. 하나님께서 하늘을 찢어 "사랑하는 아들"이라는 음성을 예수님께, 그리고 사람들에게 들려주셨습니다.

하나님께서 찢으신 것은 하늘만이 아닙니다. 마태복음 27장 51절과 마가복음 15장 38절을 보면, 하나님께서는 성소의 휘장도 찢으셨습니다(σχίζω-스키조). 하나님께서 성소의 휘장을 찢어 주시기 전에는 감히 성소의 휘장 너머로 나아갈 수 없었습니다. 그러나 하나님께서 친히 찢어 주심으로 우리는 성소의 휘장 너머로, 하나님께로 더 가까이 나아갈 은혜-기회와 담대함을 얻었습니다. 죄인 된 우리에게 성소의 휘장 너머의 자리를 허락하신 하나님의 은혜입니다. 하나님의 은혜에 감사함과 겸손함으로 나아가야 할 것입니다.

누가복음 5장 6절, 예수님께서는 베드로의 그물도 찢어 주셨습니다. 본문에서 사용된 표현은 διαρρήγνυμι(디알래그뉘미)로 살펴본 σχίζω(스키조)와는 다른 표현입니다. 그러나 요한복음 21장 11절, "… 그물이 찢어지지 아니하였더라"의 표현을 보면, σχίζω(스키조-찢어지다)가 "그물"과 어울려 사용되는 것을 볼 수 있습니다. 그러므로 διαρρήγνυμι(디알래그뉘미)는 σχίζω(스키조)와 동일한 의미를 가지는 표현으로 볼 수 있습니다. 그러므로 하나님께서는 "그물"도 찢어 주셨습니다.

"하늘"과 "성소의 휘장"을 찢어 주신 하나님의 목적이 있듯이, "그물"을 찢어 주신 예수님의 목적도 있습니다. 기대하지 않았던, 결코 그런 일은 있을 수 없다고 확신했을 베드로는 자신의 눈앞에서 그물이 찢어질 정도로 고기가 잡힌 것을 보면서 단순히 기쁨에만 사로잡히지는 않았을 것입니다. 평생을 어부로 살아온 자신의 경험과 지식으로는 설명할 수 없는, 이해할 수도 없는 사건을 경험했습니다. 이 경험은 충격이었고, 이 충격으로 베드로의 경험과 지식이 찢어졌을 것입니다. 인간의 유한한 경험과 지식이 넓어지는, 예수 그리스도를 바라보는 놀라운 경험을 했습니다.

베드로는 자신의 경험과 지식을 찢어 주신 예수님의 무릎 아래에 엎드려 죄인임을 고백합니다. 배와 모든 것을 버려두고 예수님을 따라나섭니다. 바로 이것이 예수님께서 베드로의 그물을 찢어 주신 것, 이를 통해 베드로의 경험과 지식을 찢어 주신 목적입니다. 사람은 자신의 경험과 지식이 찢어지지 않고는 순종하지 않습니다. 순종할 수 없는 존재입니다. 자신의 능력과 경험, 지식이 찢어져야 그제야 자신의 한계를 넘어선 주님을 바라볼 수 있고, 주님께 마음의 순종을 드릴 수 있습니다. 우리의 생각과 기대, 경험이 찢어져야 예수님을 바라볼 수 있고, 주님께 엎드려 순종할 수 있습니다.

하나님께서 찢어 주신 "하늘", "성소의 휘장", 그리고 "그물", 이 세 가지에는 공통점이 있습니다. 모두 하나님께서 찢어 주셨다는 것입니다. 하나님의 음성을 들려주시기 위해 "하늘"을, 하나님의 구원의 은혜로 인도해 주시기 위해 "성소의 휘장"을, 그리고 사람의 연약함을 깨닫게 해 주시고, 반대로 주님의 초월하심을 보여주시기 위해 "그물"을 찢어 주셨습니다. 우리를 위해 친히 찢어 주셨습니다.

우리를 위해 찢어 주신 하나님께 이제는 우리가 우리의 것을 찢으며 나아가야 할 차례입니다. 우리의 한계를 찢어야 합니다. 무지와 욕심을 찢어야 합니다. 게으름도 찢어야 합니다. 안일함과 무책임한 낙관, 온전하지 못한 신앙의 의식과 자세도 찢어야 합니다. 새벽도 찢어 기도와 말씀의 자리에 서야 합니다. 우리를 주님께 더 가까이 나아가지 못하게 하는 경계선–한계선을 찢어 그 너머로 나아가는 복된 성도 되기를 기도드립니다.

얼마 동안(ἄχρι καιροῦ–아크리 카이루)

작전상 후퇴하여 전열을 가다듬는 사탄

"마귀가 모든 시험을 다 한 후에 얼마 동안 떠나니라"(누가복음 4장 13절)

배고픔과 극한의 고통은 사람을 나약하게 만듭니다. 그렇기에 마귀는 예수님의 40일 금식을 좋은 기회로 여겼던 것 같습니다. 마귀는 이 기회를 놓치지 않고 찾아와 시험했습니다. 마귀의 눈에는 분명 좋은 기회였습니다. 그러나 바로 이 점이 마귀의 착각, 짧은 생각이었습니다. 예수님께서는 40일 금식을 강요당해서 하신 것이 아니기 때문입니다. 강요에 의해 40일 동안을 금식해야 한다면, 그것은 사람을 극한의 고통으로 내몰아 나약하게 만들어 버리기에 충분합니다.

그러나 40일 동안의 금식이 그러한 배고픔과 극한의 고통을 자초했다면, 배고픈 만큼 더, 극한의 상황만큼 더 의지와 정신력이 강해질 것입니다. 예수님께서도 배고프신 만큼, 극한의 고통만큼 더욱 강해지셨을 것입니다. 배고픔과 극한의 고통 안에 감춰진 주님의 강한 의지를 통찰할 수 없었던 마귀는 기세 좋게 왔다가 패하여 떠날 수밖에 없었습니다. 패잔병 마귀는 예수님을 떠났습니다. "이에 마귀는 예수를 떠나고 천사들이 나아와서 수종드니라."(마 4:11) 누가복음 본문 말씀은 마태복음의 표현과는 다르게 기록하고 있습니다. "마귀가 모든 시험을 다 한 후에 얼마 동안 떠나니라."(눅 4:13) 마귀가 패해 예수님을 떠났지만, 그것은 "얼마 동안", 곧 길지 않은 시간, 짧은 시간 동안이라는 것입니다.

본문 "얼마 동안"의 헬라어 원문의 표현은 ἄχρι καιροῦ(아크리 카이루)입니다. ἄχρι(아크리)는 '~까지'를, καιροῦ(카이루, 기본형, καιρός-카이로스)는 '짧은 시간'을 의미합니다. 그러므로 마귀가 예수님을 떠난 것은 '짧은 시간까지만'이었습니다. 이 표현의 의미는 물리적인 시간으로써 짧은 시간 동안만 마귀가 예수님을 떠났다는 것이기 보다는 마귀가 아주 떠난 것이 아니라는 것을 의미하는 표현입니다. 결국 마귀는 자신의 전열을 가다듬어 다음 기회를 엿보기 위해 작전상 후퇴를 한 것입니다.

'시간', '때'를 의미하는 헬라어 단어로 χρόνος(크로노스)와 καιρός(카이로스)가 있습니다. χρόνος(크로노스)는 시간의 단위로써 물리적인 시간 그 자체를 나타낼 때 사용됩니다. 그러나 καιρός(카이로스)는 단순한 단위로서의 시간이 아니라, 의미 있는 시간을 나타내기 위해 사용합니다. 이런 의미를 가지고 있기에 καιρός(카이로스)는 '결정적인 시점, 지점, 순간-때로서의 시간'을 의미합니다. 시간이지만 의미를 가지고 있는 시간이기에 '좋은 기회', '결정적인 기회', '적절한 때'라는 의미를 가지고 있습니다.

그러므로 마귀가 예수님을 "얼마 동안" 떠난 것은 예수님을 시험하여 이길 좋은 기회가 올 때까지만입니다. 예수님을 시험하여 승리할 또 다른 결정적인 기회까지만 예수님을 떠난 것입니다. 마귀는 작전상 후퇴했습니다. 기회를 엿보는 마귀의 모습입니다. 기다릴 줄도 아는 마귀입니다. 포기할 줄 알지만, 결코 포기하지 않는 마귀입니다. 이렇게 치밀한 전략을 가지고 싸우는 마귀입니다. 이런 마귀의 모습을 베드로전서 5장 8절은 이렇게 묘사합니다. "근신하라 깨어라 너희 대적 마귀가 우는 사자 같이 두루 다니며 삼킬 자를 찾나니."

예수님이 누구신대, 예수님까지도 노리는 마귀입니다. 그렇다면, 우리야 말해 무엇 하겠습니까? 예수님은 "얼마 동안"이었지만, 우리에게는 "늘" 붙어 있을 것입니다. 우리는 늘 마귀의 시험에 포위되어 있습니다. 어쩌면 우리가 마귀에게 시험 거리를 제공하고 있을지도모릅니다. 그런 우리에게 마귀는 "우는 사자 같이" 삼키려고 달려듭니다. 이런 마귀의 시험을 이기는 길은 두 가지입니다. 먼저, 마귀에게 좋은 기회, 결정적인 순간을 제공하지 말아야 합니다. 그 기회를 엿보고 달려들 것이기 때문입니다. 그렇다고 마귀에게 기회를 제공하지 않기 위해서 금식을 포기할 수는 없습니다. 마귀에게 기회를 제공하지 않는다고 해서 신앙의 의무를 회피하고, 그저 가만히 있기만 해서는 안 된다는 말씀입니다. 마귀에게 기회를 제공하는 것이라 하더라도 신앙의 의무, 신앙의 일들은 감당해야 합니다. 그 신앙으로 마귀의 기회를 무용지물로 만들라는 것이지, 피하라는 것이 결코 아닙니다.

하나님의 말씀만이 호시탐탐 우리를 노리는 마귀에게 기회를 제공하지 않는, 혹은 공격해 오는 마귀를 무찌를 유일한 무기입니다. 마귀가 기회를 엿보지 못하도록, 공격하지 못하도록 말씀에 꼭 붙어 있어야 합니다. 하나님의 말씀의 능력 안에 붙들려 있어야 합니다. 하나님의 말씀에 붙어 있는 것은 그 말씀을 지키고, 행하고, 만들어내는 것입니다. 그러면 마귀는 기회만 엿보다가 지쳐서 제풀에 넘어지고 말 것입니다. 혹은 기회를 엿보고 와도 하나님의 말씀에 패하여 떠나고 말 것입니다.

마귀가 떠난 "얼마 동안"을 "영원히"로 바꿀 수 있는 무기는 하나님의 말씀입니다. 그러므로 성도는, 목회자는 더욱 "자기의 일-말씀에 능숙한 자"(잠 22:29)가 되어야 합니다. "말씀에 능숙한 자"란 하나님의 말씀의 이해의 측면과 그 이해, 곧 하나님의 뜻의 실천의 측면에서 능숙한 자입니다. 이런 성도가 시험을 이깁니다.

하나님의 때(καιρός–카이로스)

하나님께서 계획하신 시간

> "보라 이 일이 되는 날까지 네가 말 못하는 자가 되어 능히 말을 못하리니 이는 네가 내 말을 믿지 아니함이거니와 때가 이르면 내 말이 이루어지리라 하더라"(누가복음 1장 20절)

앞서 살펴본 〈얼마 동안〉에서 잠시 살펴본 καιρός(카이로스)의 긍정적인 의미는 '결정적인 순간', '좋은 기회'라는 의미를 가지고 있습니다. 이러한 때–기회는 하나님께서 정하신 시기입니다. 누가복음 1장 20절의 "때가 이르면"의 "때"(καιρός–카이로스) 역시 '하나님께서 정하신 시기'입니다. 하나님께서 정하신 시기에 아들(요한)을 허락하시면, 사가랴와 엘리사벳은 그때 비로소 하나님의 말씀을 믿게 될 것입니다. 하나님의 말씀이 믿어질 것입니다.

καιρός(카이로스)는 신약성경의 많은 곳에서 사용되었습니다. 마가복음 12장 2절의 "때"는 '추수의 시간'입니다. 베드로전서 5장 6절의 "때"는 하나님께서 우리를 높여주시는 순간–시간입니다. 이를 위해서 겸손함으로 인내해야 한다고 말씀합니다. 내가 나를 높여서 높아지는 것이 아니라, 하나님께서 높여 주시는 때가 있습니다.

καιρός(카이로스)가 '하나님께서 정하신 때로서의 결정적인 순간'이라는 의미를 가지고 있음을 가장 분명하게 보여 주는 말씀은 갈라디아

서 4장 4~5절입니다. "때가 차매 하나님이 그 아들을 보내사 여자에게서 나게 하시고 율법 아래에 나게 하신 것은 율법 아래에 있는 자들을 속량하시고 우리로 아들의 명분을 얻게 하려 하심이라." 갈라디아서 4장 4절의 "때"는 하나님께서 율법 아래 매여 있는 사망의 백성들에게 은혜와 구원의 빛을 비춰주신 순간–시간입니다. 이때는 하나님께서 정하신 때입니다. 하나님께서 예수 그리스도를 보내 주시는 은혜와 구원의 때입니다. 하나님께서 계획하시고 정해 주신 때, 은혜와 구원의 때를 놓쳐서는 안 됩니다.

오늘을 살아가는 우리에게도 예수 그리스도의 구속과 은혜의 사역은 여전히 유효합니다. 그렇기에 오늘도 하나님의 은혜와 구원의 때입니다. 하나님께서 정하시고 베풀어 주신 은혜와 구원의 기회, 결정적인 좋은 기회를 담대하게 붙들어야 합니다. 하나님의 때를 붙들기 위해서는 이것이 '하나님의 때'라는 것을 인식, 분별할 수 있는 안목이 있어야 합니다. 우리는 신앙의 기본기로서 안목을 키우는 성도가 되어야 합니다. 그리고 이 안목을 가지고 하나님께서 정하신 은혜와 구원의 때–기회를 발견하여 담대하게, 때로는 마태복음 13장의 "농부"(44절)와 같이, 혹은 "장사"(45절)와 같이 모든 것을 투자하여 붙잡을 수 있는 진리의 실천자가 되어야 합니다.

권위(ἐξουσία–엑수시아)

권위는 현상이 아니라 본질에서 나옵니다

> "그들이 그 가르치심에 놀라니 이는 그 말씀이 권위가 있음이러라"(누가복음 4장 32절)

앞에서 "경건"에 대해서 살펴보았습니다. "경건"을 의미하는 εὐλαβής(율라배스), εὐλάβεια(율라베이아)는 일반적인 혹은 특정한 모양을 말해 주는 것이 아니라, 경건에 이르는 통로를 알려주는 단서를 제공한다고 했습니다. "권위", ἐξουσία(엑수시아)도 마찬가지입니다. 사람들은 외적인 모양, 특정한 모습으로 권위를 세우려고 합니다. 그러나 "권위"라는 헬라어 단어, ἐξουσία(엑수시아)는 우리가 권위 있는 성도로 세워질 수 있는 통로를 지시해 줍니다.

"권위", ἐξουσία(엑수시아)는 '~로부터, ~밖으로'를 의미하는 전치사 ἐκ(에크, ~out of)와 '있다'를 의미하는 헬라어 분사(여성, 단수, οὐση–우새)의 명사형 οὐσία(우시아)의 합성어입니다. 이 단어의 직역의 의미는 '있는 것으로부터 (나오다)' 정도로 해석할 수 있습니다. 어떤 사람의 권위는 그 사람 안에 있는 것으로부터, 즉 그의 내면의 실력으로부터 나오는 것입니다. 내적인 실력, 능력을 갖춘 자가 권위를 가진 자지, 그럴듯해 보이는 자가 권위를 가진 자가 아닙니다. 자신 안에 실력이 없다면, 아무리 행위와 말이 그럴듯해 보일지라도, 설령 권위 있는 사람과 꼭 같다고 할지라도 그는 권위를 얻지 못할 것입니다. 그럴듯해 보이지만, 실상은 권위가 없는 사람이라는 것은 청중, 상대가 먼저 정확하게 알아차립니다.

"권위", ἐξουσία(엑수시아)는 이러한 의미로서, '어떤 일을 행할 수 있는 내적인 능력'을 의미합니다. 안에 있는 능력, 실력(οὐσία–우시아, 존재)이 밖으로 드러날 때(ἐκ–에크) 이것이 권위를 얻게 하는 것입니다. 권위로 드러납니다. 그러므로 자신 안에 능력과 실력이 없다면, 내적인 능력이 없다면, 그것은 거짓된, 가공된 권위에 불과합니다. 권위를 얻기 위해서는 참된 권위의 사람을, 그리고 제자가 되기 위해서는 우리 눈에 보이는, 우리 몸으로 느껴지는 권한과 권위를 가능케 하는 통로인 내적인 능력을 덧입어야 합니다. 이러한 내적인 능력을 덧입기 위해 사모해야 합니다.

이 능력은 하나님께서 예수 그리스도께 허락하신 것입니다. 본문 누가복음 4장 32절을 보면, 사람들이 예수님의 가르치심에 놀랐습니다. 깜짝 놀랐습니다. 바리새인과 율법사들에게서는 한 번도 들어본 적 없는 말씀을 예수님께로부터 들었기 때문입니다. 하나님께서 예수 그리스도께 허락하신 내적인 능력, 곧 지혜의 능력이 저들을 말씀의 충격과 은혜에 빠지게 한 것입니다. 예수 그리스도께서 하나님의 내적인 능력, 하늘과 땅의 모든 신령한 지혜의 충만한 능력을 소유하셨기에 이 능력이 청중들에게 말씀의 권위로 드러나게 된 것입니다.

예수 그리스도께서는 하나님께로부터 받은 이 내적인 능력의 권위를 또한 교회와 성도들에게 허락해 주셨습니다. 전도자로 세워 파송하는 제자들에게 이 권위를 허락해 주셨습니다. 또한 승천하실 때, 하나님의 모든 하늘과 땅의 권세를 제자들에게도 허락해 주셨습니다. 예수 그리스도께서 허락하신 이 권위를 얻을 때 교회답게 될 것이고, 성도는 성도답게 될 것입니다. 그러므로 하나님께서 기뻐하시는 교회를 세우고, 하나님께서 기뻐하시는 성도로 세워지기를 소원한다면, 다른 어떤 것, 어떤 모양, 어떤 모습을 닮기 위해서 수고하기 보다는 주님께서 주시는 내적인 능력, 이 권위를 얻기를 사모해야 할 것입니다.

안아주고 품어주는 자가 아니라, 비록 매를 든다 할지라도, 예수 그리스도의 사랑의 능력을 소유한 성도가 사랑의 권위를 가진 자입니다. 담대한 목소리로 외치는 것이 아니라, 비록 그 소리가 작다 할지라도, 주님의 말씀의 능력을 발견하고, 그 말씀의 생명을 소유하여 전하는 성도가 말씀의 권위를 가진 자입니다. 부드러운 자가 아니라, 자신 안에 주님의 온유함을 소유한 자가 온유함의 권위를 가진 자입니다. 겉모습을 닮는 것으로 권위를 이룰 수 없습니다. 그러나 사람들은 겉모습을 통해 권위, 사랑, 담대함, 온유함을 소유하려고 합니다. 그 겉모습을 드러내는 보이지 않는 내적인 능력을 바라보고, 그것을 채워야 하는데 말입니다. 권위는 내적인 능력으로부터 밖으로 드러나는 것입니다.

우리의 신앙이 지향해야 할 것은 외적인 모양과 무늬가 아니라, 내적인 능력, 예수 그리스도의 마음, 예수 그리스도의 심장입니다. 이런 신앙이 우리를 권위 있는 그리스도인으로 세워줄 것입니다. 신실한 신앙인, 신실한 성도로 세워줄 것입니다. 이 지름길을 꼭 붙들어 권위 있는 성도로 세워지기를 기도합니다.

물러가다(ὑποχωρέω-휘포코레오)

무리로부터 벗어나기를 힘쓰신 예수님

"예수는 물러가사 한적한 곳에서 기도하시니라"(누가복음 5장 16절)

누가복음 5장 12절, 예수님께서 한 동네에 계실 때 나병 들린 사람이 찾아와 예수님께 간구합니다. "…주여 원하시면 나를 깨끗하게 하실 수 있나이다." 나병 환자의 간구함은 예수님께 병을 고칠 능력이 있는지의 여부를 묻는 것이 아니었습니다. 예수님께서 자신의 나병을 고치실 능력을 당연히 가지고 계신데, 과연 예수님께서 자신의 병을 고쳐주시고자 하실 지가 그의 관심사였습니다. 그는 자신의 병을 고쳐달라고 간구하고 있습니다. 예수님의 택함 받기를 사모하고 있습니다.

13절, 예수님께서는 나병환자의 간구함대로 그의 나병을 고쳐주시기를 원하셨습니다. 그리고 고쳐주셨습니다. "내가 원하노니 깨끗함을 받으라." 15절, 주님께서 나병환자를 고쳐주신 소문이 퍼져 나갔습니다. 이 소문을 들은 수많은 무리가 예수님께 모여들었습니다. 예수님께서 운신하시기 어려울 정도로 많은 무리가 예수님을 둘러쌌습니다. 병 고침을 얻고자 하는 그들의 기대와 열망 또한 대단했을 것입니다. 그런데 본문은 예수님께서 그 무리들로부터 물러가셨다고 기록합니다.

왜 예수님을 찾아온 그 많은 무리들로부터 물러가셨을까요? 그리고 예수님께서 그 많은 무리들로부터 그렇게 물러가시는 것이 과연 가능했을까요? 예수님의 소문을 듣고 몰려온 무리들, 이제야 예수님을 통해서 병 고침을 받을 수 있게 되었다고 희망을 품은 그들이 예수님을 순순히 보내드렸을까요? 보내드리려 하지 않았을 것입니다. 예수님께서 나가려 하실 때, 분명 예수님을 막아서며 고쳐달라고 협박(?)까지 하지 않았을까요? 예수님께서 그런 무리를 빠져나오기란 결코 쉽지 않았을 것입니다.

이런 상황을 알려주는 표현이 있습니다. "물러가사", ὑποχωρέω(휘포코레오)입니다. 이 말은 '아래로-은밀하게'를 뜻하는 전치사 ὑπό(휘포)가 연결되어 '은밀하게 빠져나오다'라는 뜻을 나타냅니다. 주님께서는 겹겹이 에워싼 채, 고쳐 달라고 아우성치는 무리로부터 떨어지실 수 없으셨습니다. 그래서 은밀하게 빠져나오신 것입니다. 은밀하게 빠져나오셔야만 그들에게서 떠날 수 있었기 때문입니다.

예수님께서 그들을 은밀하게 빠져나오신 이유가 있습니다. 휴식을 취하기 위해서가 아닙니다. 한적한 곳에서 기도하시기 위해서입니다. 예수님께서는 오병이어 기적을 베푸신 후에도 예수님을 붙들어 억지로 임금 삼으려는 무리들을 떠나 혼자 산으로 가셨습니다(요 6:15). 아마 그곳에서 기도하셨을 것입니다. 예수님께서는 이렇듯 습관을 따라 기도하셨습니다(눅 22:39). 예수님께서는 기도를 통해 사역과 기적을 충전하셨습니다. 그래서 마가복음 9장 29절에서는 귀신들린 아이를 고치신 후, "기도 외에 다른 것으로는 이런 종류가 나갈 수 없느니라"고 말씀하셨습니다. 밀려드는 무리까지 외면하시고 한적한 곳을 찾아기도하신 예수님을 바라보며, 성도로서 기도의 중요성을 생각해 봅니다. 사역도 중요하지만, 그 사역을 충전하는 기도야말로 정말 중요한 사역입니다.

15절, 예수님을 따르던 무리가 말씀도 듣고 병도 고침 받기를 기대했다고 합니다. 예수님께서 그런 무리로부터 몰래, 은밀히 빠져나오신 것으로 보아 아마도 저들의 주된 관심은 주님께 말씀 듣는 것보다 병 고침 받는 것이었을 것입니다. 예수님께서는 말씀 듣기를 사모하는 무리를 외면하실 분이 아닙니다. 음식 장만하는 마르다에게 말씀을 사모하는 마리아를 보내지 않으셨습니다(눅 10:42). 그러나 병 고침-기적만을 바라는 무리는 외면하셨습니다(마 5:1, 요 6:15).

병 고침을 바라는 것은 자신의 소원을 추구하는 신앙입니다. 예수님께서는 자신의 소원만 추구하는 추종은 외면하십니다. "누구든지 나를 따라오려거든 자기를 부인하고 자기 십자가를 지고 나를 따를 것이니라."(마 16:24) 주님을 따르는 신앙은 자기 소원이 아니라, 자기를 부인하는, 자신의 세상적인 소원과 기대마저도 부인하고, 오히려 자신의 십자가를 지고 따라가는 것이어야 합니다. 그 십자가란 당신의 뜻을 내려놓으시고 아버지 하나님의 뜻에 순종하셨던 주님께서 보여 주셨듯이 나의 뜻을 내려놓고 예수 그리스도의 뜻을 따르는 것입니다.

우리는 어떤 모습으로 주님을 따르고 있습니까? 내 소원을 붙들고 주님 뒤를 귀찮게 따라다녀서는 안 될 것입니다. 내 소원, 나를 부인하고 주님의 소원을 가지고 신앙해야 할 것입니다. 우리가 이런 성도가 될 때, 그리고 이 모습으로 주님께 나아갈 때 주님께서는 우리를 외면하시고, 몰래 빠져나가시는 것이 아니라, 우리에게 달려와 우리를 꼭 안아 주실 것입니다. 주님의 외면이 아니라, 주님의 환영을 받는 성도가 되기를 간절히 소망합니다. 우리 모두 주님의 대환영을 받는 성도로 세워지기 위해 주님의 뜻을 먼저 구하고, 주님의 말씀을 준행하는, 주님께서 기뻐하시는 바를 헤아리는 성도되기를 축복하며 기도드립니다.

엿보다(παρετηροῦντο–파레태룬토)

서기관들과 바리새인들의 악의적인 태도

> "서기관과 바리새인들이 예수를 고발할 증거를 찾으려 하여 안식일에 병을 고치시는가 엿보니"(누가복음 6장 7절)

'지키다,' '준수하다'는 기본적인 의미를 가지고 있는 τηρέω(태레오)는 '율법, 계명을 지킨다'는 의미로 사용됩니다. 여기서 계명을 지킨다는 것은 바리새인들과 같이 외식적이고 습관적인 것과는 반대의 의미입니다. 이 표현은 '지속적인 실천성'을 의미합니다. 주님의 계명을 지속적으로 실천하며 지키는 것이 성경이 말씀하는 "행함"입니다. 이러한 모습은 계명의 표면이 아니라, 그 이면, 곧 계명의 정신, '하나님의 법정신'을 지키며 실천하는 것을 의미합니다.

본문의 "엿보니", παρατηρέω(파라태레오, 기본형)는 τηρέω(태레오)에 '곁에,' '옆에'를 의미하는 전치사 παρά(파라)가 더해져 '감시하다,' '엿보다'는 의미를 나타냅니다. 오늘 본문과 병행구를 이루는 마가복음 3장 2절의 "주시하고 있거늘", 누가복음 14장 1절의 "엿보고", 20장 20절의 "엿보다가", 그리고 사도행전 9장 24절의 "그들이 그를(바울을) 죽이려고 밤낮으로 성문까지 지키거늘" 모두가 동사 παρατηρέω(파라태레오)를 사용하고 있습니다.

이 단어는 '의사가 침상 옆에서 환자를 주의 깊게 관찰하거나 진찰

하는 것'을 의미하기도 합니다. 이런 집요함이 부정적인 의도와 결합되면 '악의를 가지고 집요하게 염탐하는 것'을 의미합니다. 회심한 바울을 죽이기 위해 집요하게 지키던 유대인들, 예수님의 책을 잡기 위하여 집요하게 지키던 서기관과 바리새인을 παρατηρέω(파라태레오)를 사용하여 표현한 것은 저들의 집요한 악의를 잘 보여주는 적절한 표현입니다.

저들이 예수님 곁에(παρά-파라) 있었던 목적은 신앙이 아닙니다. 예수님을 엿보기 위함입니다. 예수님을 집요하게 엿보아 "고발할 증거"를 찾아내기 위해서입니다. 만일 저들이 생각하는 대로 예수님께서 정말 잘못하셨다면 논쟁을 벌이거나 말려야 했지만, 저들은 오로지 예수님을 잡으려는 악한 의도만 가지고 있었기에 오히려 예수님께서 잘못하시기를, 실수하시기를 곁에 머물면서 지키고 서 있습니다.

우리가 예수님 곁에, 옆에 머무는 것은 중요합니다. 그러나 더 중요한 것은 '어떤 의도, 어떤 마음을 가지고 예수님의 옆자리를 지키느냐, 머무르느냐'입니다. 고발할 증거를 찾기 위해 예수님 곁을 지켜서는 안 됩니다. 오병이어의 기적을 체험했던 무리들과 같이 떡만을 얻기 위해서 예수님 곁을 지켜서도 안 됩니다. 예수님께서 왕으로 서실 때, 하나는 우편에 그리고 다른 하나는 좌편에 앉기를 구했던 제자들과 같이 명예를 얻기 위해서 예수님 곁을 지켜서도 안 될 것입니다.

예수님께서는 우리 곁에 오셔서 우리 옆에서 함께 하실 때, 이런 의도를 가지지 않으셨습니다. 예수님께서 우리 곁을(παρά-파라) 지켜, 임마누엘 해 주신 의도를 잘 나타내 주는 단어는 παρακαλέω(파라칼레오)입니다. παρακαλέω(파라칼레오)는 '옆으로 부르다-초청하다', '옆으로 다가가 불러주다'는 의미로써, '위로하다,' '용기를 주다,' '힘을 불어넣다'는 의미를 가집니다. 예수님께서 우리 곁을 지키신 이유는 우리를 위로해 주시기 위함이었습니다.

우리도 이런 선하고 아름다운 의도를 가지고 예수님 곁을 놓치지 말고 따라야 할 것입니다. 또한 부족하지만, 우리도 예수님의 성도, 제자, 혹은 사도로서 직장과 교회와 같은 곳에서 세상의 누군가의 옆에 서게 될 텐데 그때 이러한 위로와 용기를 전해 주는 선한 의도, 아름다운 마음을 가지고 그들의 곁을 지켜줘야 할 것입니다. 곁을 지키지만, 고발하고 정죄하는 바리새인과 같이 엿보는 자는 성도를 실족케 할 것입니다. 그러나 주님의 위로와 용기를 전하는 동행하는 자가 된다면 성도를 세우고, 그리스도에게로 인도하는 능력의 전도자가 될 수 있을 것입니다.

고백(들음)과 행함의 관계

고백(들음)에서 행함으로 나아가는 신앙

"너희는 나를 불러 주여 주여 하면서도 어찌하여 내가 말하는 것을 행하지 아니하느냐"(누가복음 6장 46절)

누가복음 6장 46절의 헬라어 원문은 다음과 같습니다. **Τί δέ με καλεῖτε, Κύριε κύριε, καὶ οὐ ποιεῖτε ἃ λέγω;**(티 데 메 칼레이테, 퀴리에 퀴리에, 카이 우 포이에이테 하 레고?) 46절의 원문은 두 부분으로 나누어 살펴볼 수 있습니다. 먼저, 전반부, **Τί δέ με καλεῖτε, Κύριε κύριε**(티 데 메 칼레이테, 퀴리에 퀴리에)의 사역은 '어찌하여 너희는 나를 불러 주여 주여라 부르느냐?'입니다. 주님의 이러한 물음은 그 이유를 모르시거나, 알고 싶어서가 아닙니다. 부정의 역설을 질문의 형태로 담아 표현하신 것입니다. 그러므로 이 표현은 '나를 주여 주여 라고 부르지 말라.' '불러서는 안 된다.'는 의미를 담고 있습니다. 왜 주님께서는 주여 주여 라고 부르지 말라고, 불러서는 안 된다고 금하셨을까요?(물론 금하신 이유는 주여 주여 라고 부르지 말라는 것이 아니라, 제대로, 똑바로 부르고, 믿으라는 것입니다.)

그 이유는 후반부에 소개되었습니다. **καὶ οὐ ποιεῖτε ἃ λέγω;**(카이 우 포이에이테 하 레고?) '그러면서도(나더러 주여 주여 라고 부르면서도) 너희는 내가 말하는 것을 행하지 않느냐?' 이 질문의 형태 역시 물음이 아니라, 예수님께서 가르치시는 말씀을 행하지 않는 것에 대한 역설적인 표현입니다. 성도에게 본질적인 신앙은 주님께서 말씀하시는 것을 행하는 것입니다. 주님께서 원하시는 모습이기도 합니다. 이러한 고백과 행함의 관계를 좀 더 선명하게 이해시켜 주시기 위해 주님께서는 이어지는 47절 이하에서 들음과 행함의 관계를 비유로 들어 설명하십니다. 47~48절, "듣고 행하는 자마다…주추를 반석 위에 놓은 사람과 같으니 큰 물이 나서 탁류가 그 집에 부딪치되 잘 지었기 때문에 능히 요동하지 못하게 하였거니와." 49절, "듣고 행하지 아니하는 자는 주추 없이 흙 위에 집 지은 사람과 같으니 탁류가 부딪치매 집이 곧 무너져 파괴됨이 심하니라."

신앙의 집을 잘 짓는 것은 주님의 말씀을 듣고 그대로 행하는 신앙입니다. 그러므로 고백과 행함이 하나가 되어야 합니다. 들음과 행함이 하나가 되어야 합니다. 고백과 들음의 대상은 예수 그리스도의 말씀, 복음입니다. 행함이란 선행과 봉사, 구제가 아닙니다. 이런 것들은 부차적인 것입니다. 본질적인 것이 아닙니다. 행함의 대상은 성도가 고백한 신앙, 예수 그리스도를, 그리고 성도가 들은 예수 그리스도의 말씀, 복음을 고백 그대로, 들음 그대로 지키고 따르는 것입니다. 성경은 이것을 행함이라고 말씀합니다. 바로 이것이 야고보서가 말씀하는 "행함"의 의미입니다. 이런 고백과 들음의 행함 안에 선행과 봉사, 그리고 구제도 포함됩니다. 예수 그리스도를 많이 부르고, 많이 듣지만, 우리의 신앙이 성숙과 변화의 능력으로 나아가기 위해서는 우리가 부른 고백과 들은 복음을 그대로 행하는 행함이 함께 따라와야 합니다.

이렇게 고백과 행함으로, 들음과 행함으로 신앙의 집을 세우면, 그 집은 요동하지-흔들리지 않습니다. 확실한 신앙으로 세워집니다. 그래서 '확실하다'는 말과 '흔들리지 않다'는 말은 같은 표현입니다. 헬라어 ἀσφάλεια(아스팔레이아)는 부정어 ἀ(아)와 '흔들리다'를 의미하는 σφάλλω(스팔로)의 합성어입니다. 이 단어의 직역은 '흔들리지 않다'입니다. 바로 이러한 직역의 의미에서 '확실한'이라는 의미를 가지게 되었습니다. 흔들리지 않는 것은 견고한 것이며, 확실한 것입니다. 흔들리지 않는 확실한 신앙은 주님의 말씀을 듣고 그 들음 그대로 행하는 것으로, 주님을 고백하고 그 고백 그대로 행하는 것으로 세울 수 있습니다. 확실한 기초 위에 서는 흔들리지 않는 신앙의 소유자 되기를 바랍니다(시 26:1, 125:1).

실족하다(σκανδαλίζω-스칸달리조)

마귀의 함정, 유혹, 미혹에 빠지다

> "누구든지 나로 말미암아 실족하지 아니하는 자는 복이 있도다"(누가복음 7장 23절)

'실족하다'를 의미하는 σκανδαλίζω(스칸달리조)의 기본 의미는 '걸어 넘어뜨리다,' '함정에 빠뜨리다'입니다. 사단은 성도를 죄를 범하는 함정에 빠뜨립니다. 신약성경에서 '죄를 짓게 하다'를 의미하는 또 하나의 표현으로 πλανάω(플라나오)가 있습니다. πλανάω(플라나오)의 원래 의미는 '길을 잃게 하다'로 '미혹하다'는 의미를 가지고 있습니다. 성도가 마땅히 걸어야 할 길을 잃게 하여 다른 길, 곧 죄의 길을 걷게 하는 것이 미혹입니다. 사단이 성도를 미혹하는 것 역시 성도가 죄를 범하게 하는 것입니다.

실족(함정)과 미혹에는 공통점이 있습니다. 그것이 함정인 줄 알고, 그것이 죄의 길인 줄 알면 결코 마귀의 실족(함정)과 미혹에 넘어가지 않을 것입니다. 그래서 마귀는 실족케 하는 함정을 그것이 함정이 아닌 것처럼 꾸미고 위장합니다. 마찬가지로 마귀는 성도가 걸어야 할 길을 떠나 다른 길-죄의 길을 걷게 하기 위하여 미혹의 길을 놓아둡니다. 그리고 그 길이 죄의 길이 아니라, 오히려 하나님의 길이라고 꾸미고 단장해 놓습니다. 함정과 미혹의 길을 보지 못한 성도는 실족하고, 미혹되어 범죄하게 됩니다.

성도가 실족하지 않고, 미혹되지 않기 위해서는 함정과 미혹을 분별해야 합니다. 분별력 있는 성도는 하나님의 길과 죄의 길을 분별하여 실족하지 않고, 미혹되지 않습니다. 분별력 있는 성도가 되어야 합니다. 하나님의 거룩하신 성령과 거룩해 보이지만, 사실은 거룩하게 가장한 사단의 영을 분별해야 합니다. 이러한 분별력을 얻을 수 있는 과정에 대해서 로마서 2장 18절이 말씀합니다. "율법의 교훈을 받아 하나님의 뜻을 알고 지극히 선한 것을 분간하며."

물론 이 말씀은 유대인들이 자신들을 이와 같이 착각하고 있다는 것을 바울이 말씀하고 있는 것입니다. 그러나 바울은 이 말씀을 통해 성도가 어떻게 분별력을 얻을 수 있는지 그 단계를 제시하고 있습니다. '율법' – '하나님의 뜻' – '지극히 선한 것을 분간'하는 것이 그 과정입니다. 여기서 율법이란 행위로만 제한한 유대인의 율법과는 다릅니다. 사도 바울이 말씀하는 율법이란 하나님의 말씀, 계명입니다. 하나님의 말씀과 계명, 곧 율법 안에는 분명 하나님의 마음과 뜻, 율법의 정신이 녹아 있습니다. 이 율법–하나님의 말씀과 계명을 통해서 우리는 하나님의 뜻을 발견하고 얻을 수 있습니다. 이렇게 하나님의 뜻과 마음을 얻어 간직한 자는 그것을 기준으로 삼아 무엇이 하나님의 뜻인지 비교하고 분간할 수 있습니다. 더 많은 하나님의 말씀을 통해 더 많은 하나님의 뜻을 발견하고, 이를 간직한 성도는 본문의 표현대로 "지극히 선한 것", 분별해 내기 어려운 것까지도 분별해 낼 수 있습니다.

로마서 2장 18절의 "분간하며"는 δοκιμάζω(도키마조)입니다. 이 말의 기본적인 의미는 '시험하다'입니다. 하나님의 뜻과 마음을 아는 성도는 하나님의 진리와 사단의 거짓을 시험하여 분별하고 사단의 거짓을 걸러낼 수 있습니다. 그러니 분별하는 성도는 함정에 빠지지 않고, 미혹되지 않습니다. 분별력을 지닌 성도로 세워져야 합니다. 이를 위해 신앙의 본질인 하나님의 말씀 앞에 서야 합니다.

예언자(προφήτης–프로패태스)

하나님을 향하여 서서 말씀을 받고, 세상을 향하여 서서 하나님의 말씀을 대언하는 자

> "그러면 너희가 무엇을 보려고 나갔더냐 선지자냐 옳다 내가 너희에게 이르노니 선지자보다도 훌륭한 자니라"(누가복음 7장 26절)

선지자와 예언자는 동일한 표현입니다. 많은 사람들이 선지자–예언자를 '앞날을 미리 내다보고 아는 사람'으로 이해합니다. 이러한 사람은 점쟁이입니다. 성도들의 이러한 오해는 선지자–예언자를 의미하는 헬라어 προφήτης(프로패태스)의 πρό(프로) 때문입니다. πρό(프로)는 '먼저', '미리', '앞서'를 의미하는 헬라어 전치사입니다. 그래서 사람들은 '미리, 먼저'를 의미하는 '선–先'을 넣어 선지자로, '예–豫'를 넣어 예언자로 해석합니다. 그러나 πρό(프로)는 우리가 이해하고 있는 이러한 의미와 다른 의미도 가지고 있습니다.

전치사 πρό(프로)는 사람의 앞날을 미리 아는 것을 의미하지 않습니다. πρό(프로)가 의미하는 것은 '하나님께서 계획하신 앞날'로서 '미리', '먼저'입니다. 하나님께서는 당신께서 계획하신 앞날을 예언자들에게 알려줍니다. 이때 하나님께서 의도하시는 것은 백성들이 회개하거나, 하나님의 계획을 준비할 수 있는 때(καιρός–카이로스)를 허락해 주시는 것입니다. 요셉의 경우에서와 같이 하나님께서는 바로의 꿈을 통해 요셉에게 하나님의 계획을 미리 알려주셨습니다. 하나님의 말씀을 받은 요셉은 하나님의 말씀을 예언(대언-代言)함으로 칠 년 풍년과 칠 년 흉년을 준비했습니다.

하나님께서 예언자에게 하나님의 계획(앞날)을 알려주시는 것은 예언자에게 하나님의 말씀을 맡기시는 것입니다. 이런 의미에서 예언자는 '앞날을 미리 보는 자'보다는 '하나님의 말씀을 맡은 자'에 초점이 맞춰져 있습니다. 성경에서 말씀하는 예언자는 미리 보고 말하는 豫言者(예언자)가 아니라 하나님의 말씀을 맡고, 그 말씀을 대언(代言)하는 預言者(예언자)입니다.

또한, 헬라어 전치사 πρό(프로)는 전치사 πρός(프로스)의 축약형으로 쓰일 수 있습니다. πρός(프로스)는 '~을 향하여'를 의미합니다. 하나님의 말씀을 맡은 선지자-예언자는 하나님께서 주신 말씀을 간직하기만 하지는 않습니다. 반드시 하나님의 계획을 세상을 향하여(πρός-프로스) 선포-대언해야만 합니다. 하나님께서 주신 말씀을 선포해야만 하는 예언자의 사명과 의무를 대표적으로 보여 주는 예언자는 예레미야입니다. "내가 말할 때마다 외치며 파멸과 멸망을 선포하므로 여호와의 말씀으로 말미암아 내가 종일토록 치욕과 모욕거리가 됨이니이다 내가 다시는 여호와를 선포하지 아니하며 그의 이름으로 말하지 아니하리라 하면 나의 마음이 불붙는 것 같아서 골수에 사무치니 답답하여 견딜 수 없나이다."(렘 20:8~9)

예레미야 뿐 아니라, 구약의 모든 예언자들이 하나님께로부터 맡은 예언의 말씀을 세상과 사람들을 향하여(πρός-프로스) 선포했습니다. 그러므로 예언자는 하나님께 향하여(πρός–프로스) 서서 하나님의 말씀을 받고, 다시 세상을 향하여(πρός–프로스) 서서 하나님께서 주신 말씀을 대언하는 하나님의 사도입니다. 요한도 마찬가지입니다. 그는 하나님의 말씀을 맡았습니다. "…하나님의 말씀이 빈 들에서 사가랴의 아들 요한에게 임한지라."(눅 3:2) 하나님의 말씀, 사명을 맡은 요한은 이 사명을 세상을 향하여 선포, 증거합니다. "요한이 요단 강 부근 각처에 와서 죄 사함을 받게 하는 회개의 세례를 전파하니."(눅 3:3) 예언자는 하나님의 말씀–계획을 맡아 이를 세상을 향하여 대언하는 자입니다. 이런 의미에서 목회자건 성도건, 우리 모두는 하나님의 예언자가 되어야 합니다. 하나님의 뜻과 계획의 말씀을 맡은 자가 되어, 이 말씀을 세상을 향하여 전하는 대언자(代言者)가 되어야 합니다.

씨는 하나님의 말씀이요

(Ὁ σπόρος ἐστὶν ὁ λόγος τοῦ θεοῦ.–호 스포로스 에스틴 호 로고스 투 쎄우)

"이 비유는 이러하니라 씨는 하나님의 말씀이요"(누가복음 8장 11절)

씨가 싹을 내고 가지를 뻗어 결실로 이어지기 위해서는 두 가지 조건이 필수적입니다. 먼저, 씨가 생명을 품고 있어야 합니다. 생명력을 가진 씨만이 결실할 수 있습니다. 겨자씨의 비유에서 보이듯이 씨의 크고 작음은 문제가 되지 않습니다. 씨가 생명력만 품고 있다면 결실로 이어집니다. 또 하나의 중요한 조건이 있습니다. 생명력을 가졌다 할지라도 씨가 뿌려질 밭의 조건도 중요한 변수입니다. 이 변수에 따라서 결실의 여부가 나뉘기도 합니다. 본문은 네 가지 종류의 밭을 소개하고 있습니다. "길 가", "바위 위", "가시떨기", "옥토"입니다. 생명력을 가진 씨가 옥토에 뿌려져야 백 배, 육십 배, 삼십 배의 결실을 얻을 수 있습니다.

본문은 "씨는 하나님의 말씀이요"라고 말씀합니다. 그러므로 믿음의 씨앗인 하나님의 말씀이 신앙의 결실을 맺기 위해서도 두 가지 조건이 필요합니다. 먼저, 하나님의 말씀이 생명력을 품고 있어야 합니다. 그러나 이 점에 대해서는 의심할 여지, 필요도 없습니다. 하나님의 말씀은 생명의 말씀이기 때문입니다. 그렇다면, 신앙의 결실에 있어서 남아 있는 변수는 한 가지, 밭의 조건입니다. 밭의 조건이란, 성도의 심령의 상태를 의미합니다. 성도의 심령도 네 종류의 밭과 같이 길가와 같은, 바위 위와 같은, 가시떨기와 같은, 그리고 옥토와 같은 심령이 있습니다. 처음 세 종류의 심령은 하나님의 생명의 말씀을 뿌리 내리지 못하게 하기 때문에 신앙의 결실을 이루지 못합니다. 그러나 옥토는 하나님의 말씀이 생명력을 발현하도록 그 뿌리를 깊게 내리게 하므로 많은 결실을 맺습니다.

성도가 하나님의 생명의 말씀을 받아 결실로 나아가기 위해서는 자신의 심령을 옥토로 만들어야 합니다. 성도의 심령이 옥토가 되는 길을 누가복음 8장 15절이 소개합니다. "좋은 땅에 있다는 것은 착하고 좋은 마음으로 말씀을 듣고 지키어 인내로 결실하는 자니라." 성도의 심령이 결실을 맺는 옥토가 되는 단계는 들음-지킴-인내-결실입니다. 먼저, 하나님의 생명의 말씀을 들어야 합니다. 결과론적 측면에서 본다면, 옥토의 심령을 가진 성도가 하나님의 생명의 말씀을 들을 때, 그 자세와 모습이 어떠하겠습니까? 간절한 사모함으로 들을 것입니다. 하나님의 생명의 말씀을 듣는 성도의 이러한 자세를 본문은 "착하고 좋은 마음으로 말씀을 듣고"라고 표현합니다.

들음은 지킴으로 연결돼야 합니다. 본문에서 기록한 "지키어"는 κατέχουσιν(카테쿠신, 기본형, κατέχω-카테코)입니다. 이 단어는 '~따라서,' '철저히'를 의미하는 κατά(카타)와 '소유하다,' '가지다'를 의미하는 ἔχω(에코)의 합성어로서 '철저히 소유하다,' '단단히 붙잡다,' '빼앗기지 않다'를 의미합니다. 하나님께서 주신 말씀을 지킨다는 것은 하나님의 생명의 말씀을 단단히 붙잡는 것, 그래서 빼앗기지 않는 것입니다. 하나님의 말씀을 단단히 붙잡는 성도는 옥토의 심령을 가진 성도입니다. 옥토는 하나님의 말씀, 생명의 씨앗을 빼앗긴 앞의 세 경우와는 다르게 빼앗기지 않습니다. 그렇기에 하나님의 말씀 안에 담긴 생명을 결실로 연결합니다.

옥토의 심령이 하나님의 생명의 말씀을 단단히 붙잡기 위해서 외부적으로는 하나님의 생명의 말씀을 빼앗는 마귀와 싸워야 합니다. 내부적으로는 흙이 거의 없는 "바위 위", 곧 자신의 깊지 않은 믿음을 깊게 만들기 위해서 싸워야 합니다. 흙이 깊어야 씨가 뿌리를 내릴 수 있습니다. 또한 "가시떨기", 곧 "이생의 염려와 재물과 향락"이 믿음을 좌지우지하지 못하도록 믿음을 성숙시켜야 합니다. 옥토가 되기 위한 성도는 사단과 자신의 적은 믿음, 그리고 세상에 대한 염려와 향락과 끊임없는 영적전쟁을 치러야 합니다. 이러한 영적전쟁의 순간순간들은 감당하기 쉽지 않은 전쟁일 것입니다. 그래서 매 순간마다 인내가 요구된다고 말씀합니다. 그러나 이 인내는 성도를 신앙의 결실로 인도하는 거룩한 수고가 되어 줄 것입니다.

옥토만이 하나님의 생명의 말씀을 결실로 이어 갈 수 있습니다. 성도가 옥토의 심령으로 나아가는 길은 들음과 지킴 그리고 인내입니다. 사모함으로 하나님의 말씀을 듣고, 들은 그 말씀을 그대로 따르고 순종하며 인내로 지킬 때, 하나님의 말씀 안에 담긴 생명이 기적과 능력이 나를 통해 발현하게 될 것이고, 이때, 우리는 하나님의 말씀이 나타내는 기적과 능력을 체험하는 성도로 세워질 것입니다.

주여 주여 우리가 죽겠나이다

(Ἐπιστάτα ἐπιστάτα,–에피스타타 에피스타타, 주여 주여)

> "제자들이 나아와 깨워 이르되 주여 주여 우리가 죽겠나이다 한대 예수께서 잠을 깨사 바람과 물결을 꾸짖으시니 이에 그쳐 잔잔하여지더라"(누가복음 8장 24절)

ἐπιστάτα(에피스타타)는 '~위에'를 의미하는 ἐπί(에피)와 '서다'를 의미하는 ἵστημι(히스태미)가 합쳐진 단어로 '~위에 서다'를 의미합니다. 이런 기본적인 의미에서 '주인,' '랍비,' '지도자'를 의미하게 되었습니다. 예외적인 의미지만, '선장'이라는 의미도 있습니다. '선장'이라는 의미는 오늘 본문의 배경과 너무나 잘 어울리는 표현입니다.

제자들은 주무시는 예수님을 깨우며 ἐπιστάτα(에피스타타, 주여)라고 두 번 외쳤습니다. '선장'과는 거리가 먼 예수님이셨지만, 주님만이 참 선장이셨음을 고백하고 있는 제자들의 모습이 참으로 놀랍습니다. 두 번이란 횟수는 그만큼 긴박한 상황이었음을 말해줍니다. 23절, "광풍이 호수로 내리치매 배에 물이 가득하게 되어 위태한지라." 이제 막 배가 전복되기 직전입니다. 제자들이 이런 긴박한 죽음의 위협 앞에 예수님을 찾아와 깨웠습니다. 광풍을 만나 전복 직전에 놓인 이 배에는 세 부류의 사람이 타고 있습니다. 배를 모는 사공과 제자들, 그리고 예수님입니다. 우리가 생각하기에는 이런 긴박한 상황에 가장 먼저 찾아야 할 사람은 어쩌면 예수님이 아니라 사공입니다. 사공은 돈을 받고 사람들의 도강을 돕는 전문가입니다. 오랫동안 갈릴리 호수에서 이 일을 해 왔으니 갈릴리 호수에 대해서만큼은 전문가였을 것입니다. 그리고 적어도 여러 번 지금과 같은 상황을 맞았지만, 잘 헤쳐 나왔을 것입니다. 제자들은 그런 사공에게 가서 살려달라고, 살 방도를 강구해서 안전하게 해 달라고 간청해야 하지 않았을까요?

만일 이 최선책이 어떠한 이유로 인해서 좌절되어 차선책을 택해야 한다면, 그래도 제자들은 예수님께로 달려가지 않았을 것입니다. 제자들 중에는 전직이 어부였던, 바로 이곳에서 어부 생활을 했던 이들이 여러 명 있기 때문입니다. 그들에게 달려가 이전의 경험과 지혜를 짜내서 살려달라고 재촉했을 것입니다. 풍랑을 만난 배를 탄 부류 중에서 예수님은 호수와 배에 대해서 가장 문외한이셨습니다. 사람의 생각으로 보면, 예수님께서는 광풍을 만난 배를 구해낼 아무 도움도 제공할 수 없는 분으로 보일 수도 있습니다.

그러나 제자들은 사공과 전직 어부였던 자신들이 아니라, 예수님께 달려왔습니다. 물론 사공과 전직 어부였던 제자들에게 살려달라고 간청해 보았지만, 별 해법이 없어 마지막으로 예수님께 온 것일 수도 있습니다. 그러나 그런 제자들이라고 보기에는 주님을 믿고 살려달라고 간구하는 그들의 믿음과 확신이 너무나도 분명합니다. 그리고 그럴만한 시간적 여유도 없는 급박한 상황이었습니다. 모든 가능성이 좌절되어, 할 수 없어서 예수님께 와서 혹시나 하고 기대하는 것이 아니라, 예수님께서는 이 위기를 해결하실 분이라는 믿음과 확신으로 예수님을 찾아와 깨우고 있습니다.

인생의 위기를 당했을 때, 우리는 어디로, 누구에게로 달려갑니까? 예수님께, 그리고 교회로 달려가야 한다는 것을 잘 알고 있습니다. 그러나 '그렇게 하고 있는가?'는 별개의 이야기일 때가 많습니다. 정작 위기의 시기가 오면 주님께 달려가 "주여 주여" 외치며 살려달라고 간청해야 한다는 것을 까맣게 잊고 사공과 같은 세상의 전문가, 전직 어부였던 제자들과 같은 지식을 가진 자에게 달려가지는 않습니까? 그들의 달콤한 말 듣기를 즐겨하다가 더 손을 쓸 수 없을 때가 오고 말 것입니다.

세상은 인생의 위기를 맞았을 때, 전문가와 지식인에게 달려가라고 합니다. 이것이 지혜로운 행동이라고 합니다. 그러나 광풍을 만난 배는 가장 문외한처럼 보이셨던 주님으로 인하여 해결받았습니다. 인생에서 여러 위기를 만날 때, 주님께 나와 주님을 깨워야 합니다. 그래야 해결받습니다. 그리고 그 해결을 통하여 소중한 하나의 경험을 간직하게 됩니다. 모든 것을 해결하시는 주님을 만나게 되는 것입니다. 이 주님을 만나면, 우리의 믿음은 분명 이전보다는 더 성숙, 성장하게 됩니다. 그리고 우리 입에서도 제자들의 경탄의 고백, "그가(주님이) 누구이기에 바람과 물을 명하매 순종하는가"(눅 8:25)와 같은 믿음과 확신의 고백이 터져 나오게 될 것입니다. 그리고 더 많이 주님께 순종하고, 더 많이 주님을 의지할 토대를 마련하게 됩니다.

II. 원어성경으로 풀어가는 누가복음 설교

– 사가랴와 엘리사벳의 간구함

II. 원어성경으로 풀어가는 누가복음 설교

– 사가랴와 엘리사벳의 간구함 –

누가복음 1장 80절, 그중에서 특별히 ἐν ταῖς ἐρήμοις(엔 타이스 에래모이스), "빈 들에"란 표현이 눈에 들어왔을 때, 커다란 충격을 받았습니다. ἐν ταῖς ἐρήμοις(엔 타이스 에래모이스), "빈 들"이란 광야(ἔρημος–에래모스)를 의미합니다. 광야는 혹독한 곳입니다. 예수님께서 사십 일을 금식하신 곳이며, 이스라엘 백성이 출애굽 하여 지나온 곳입니다.

본문은 그런 곳에 요한이 있었다고 기록하고 있습니다. 더구나 본문은 요한을 "아이", παιδίον(파이디온)으로 표현하고 있습니다. 이 표현(παιδίον–파이디온)은 누가복음 2장 27절의 "아기 예수"(τὸ παιδίον Ἰησοῦν–토 파이디온 예순)를 표현하는 단어와 동일합니다. 아기이신 예수님은 21절, "할례 할 팔 일이" 된 말 그대로 갓난아기(παιδίον–파이디온)입니다. 이러한 아기 요한이 광야에 있습니다. 스스로 갈 수 없는 곳, 스스로 있을 수도 없는 곳에 있습니다. 당연히 요한의 부모, 사가랴와 엘리사벳이 아기 요한(τὸ παιδίον Ἰωάννην-토 파이디온 요안낸)을 보냈을 것입니다.

"빈 들에"란 작은 표현은 누가복음을 다시 보게 했습니다. 열린 눈으로 바라본 누가복음은 다른 복음서에 비해 세례자 요한에 대한 말씀이 많이 기록되어 있었습니다. 그의 부모님, 사가랴와 엘리사벳에 관한 기록, 그의 출생과정에 나타난 하나님의 계획, 비록 아주 적은 분량이기는 하지만, 그의 성장과정에 대해서도 기록하고 있습니다. 물론 요한의 사역과 그의 순교의 과정에 대해서도 기록하고 있습니다.

세례자 요한에 대해서 살펴보고자 한다면, 가장 좋은 본문은 그에 대하여 가장 풍부한 기록을 지니고 있는 누가복음이라고 생각됩니다. 이러하기에 세례자 요한에 관한 본문들을 다룸으로써 「원어성경으로 풀어가는 누가복음」을 시작하려고 합니다. 누가복음의 I부가 될 이 책을 통하여 요한과 그를 세운 부모님, 사가랴와 엘리사벳, 그리고 그의 사역과 순교의 과정들을 따라가려고 합니다. 이러한 과정을 통하여 세례자 요한과 그의 부모, 사가랴와 엘리사벳에 대한 보다 더 깊은 이해를 얻게 될 것입니다. 이 메시지는 오늘을 살아가는 성도들에게 꼭 필요한 신앙의 모범을 제시해 줄 것입니다.

사가랴와 엘리사벳

"유대 왕 헤롯 때에 아비야 반열에 제사장 한 사람이 있었으니 이름은 사가랴요 그의 아내는 아론의 자손이니 이름은 엘리사벳이라 이 두 사람이 하나님 앞에 의인이니 주의 모든 계명과 규례대로 흠이 없이 행하더라 엘리사벳이 잉태를 못하므로 그들에게 자식이 없고 두 사람의 나이가 많더라"(누가복음 1장 5~7절)

사가랴와 엘리사벳은 요한의 부모입니다. 누가복음 1장 5절, 사가랴는 "아비야 반열에 제사장"이고, 그의 아내 엘리사벳은 "아론의 자손"입니다. 사가랴와 엘리사벳의 집안은 명문가문입니다. 또한 6절, 사가랴와 엘리사벳은 "하나님 앞에 의인이니 주의 모든 계명과 규례대로 흠이 없이" 행하는 영적인 가문이었습니다. 부러울 것이 없는 최고의 가문입니다. 그러나 인생사에는 반드시 고민과 아픔이 있기 마련입니다. 사가랴와 엘리사벳에게도 마찬가지였습니다.

7절, 엘리사벳은 잉태를 못했습니다. 그러나 하나님의 영광을 구하는 제사장 가문이고, 더하여 이렇게 믿음이 좋은 제사장 가문이니, 하나님께 간구하면 분명 자식을 응답받을 것입니다. 그런데 또 문제가 있습니다. 7절, "두 사람의 나이가 많더라"입니다. 그들은 자식을 기대할 수 없을 만큼 나이가 많았습니다. 분명 그들은 오랜 시간 자식을 위해 하나님께 간구해 왔을 것입니다. 그들의 간절한 기도는 응답받지 못했던 모양입니다. 이제 노인이 된 사가랴와 엘리사벳은 육신과 시간의 한계에 부딪쳐 어쩌면 낙심하고 포기하고 있었을 것입니다. 분명 그들이 처한 상황과 환경은 자식을 구하는 소원을 포기했거나, 포기해야만 하는 처지입니다. 이삭을 얻기 전 아브라함과 사라의 처지와 같았을 것입니다. 그렇게 오랜 세월 동안 그들이 겪었을 낙심과 좌절이 어느 정도일지 상상할 수 있습니다.

하지만 사가랴와 엘리사벳이 느꼈을 낙심과 실망은 우리가 상상하는 것보다 훨씬 더 컸을 것입니다. 사가랴의 집안은 제사장 가문입니다. 그러므로 그들에게 자식, 아들은 평범한 가정의 아들 이상입니다. 제사장 가문의 대를 이을 아들이 절실했기에 간절하게 오랜 세월 기도드려왔지만, 그 간절한 기도가 응답받지 못한 것입니다. 아주 오랫동안 응답받지 못해서 이제는 거절되었다고, 하나님께서 들어주시지 않으신다고 인정할 수밖에 없는 처지에 놓이고 말았습니다. 이것이 그들의 막막하고 절망적인 심정입니다.

그러나 사가랴와 엘리사벳은 포기하지 않았습니다. 나이도, 육신의 노쇠함도 결코 꺾을 수 없을 만큼의 간절함이 있었던 것입니다. 사가랴와 엘리사벳의 이러한 간구함을 본문 13절이 말씀합니다. 하나님께서 이들에게 아들을 응답해 주실 때, "너의 간구함이 들린지라"고 천사를 통해 말씀하셨습니다. 사가랴는 환경과 상황에 낙심하여 간구함을 중단하지 않았습니다. 그 오랜 낙심과 좌절, 절망의 시간들을 잘 기다렸습니다. 그들의 이러한 기다림은 한결같았고 변함없었습니다.

사가랴가 하나님께 소망을 두고 흐트러짐 없이 잘 기다리고 있는 모습을 보여 주는 구절이 있습니다. 8절, 나이 많은 사가랴가 변함없이, 한결같이 자신의 제사장 직무를 수행하고 있습니다. "마침 사가랴가 그 반열의 차례대로 하나님 앞에서 제사장의 직무를 행할새." 분명 자신의 기도가 응답받지 못했다고 여겨 낙심하고 절망할 만도 할 텐데, 어쩌면 하나님을 원망하며 자신의 직분, 사명의 자리를 떠나거나, 소홀히 하기 쉬웠을 텐데, 사가랴는 신실하게, 변함없이 제사장의 직무를 지키고 있습니다.

나이가 많은 사가랴와 엘리사벳은 포기할만한, 아니 벌써 포기했어야 당연할 것 같은 그 오랜 시간 동안 포기하지 않았습니다. 그렇기에, 저들의 간구함은 단순한 소원의 차원만은 아니었습니다. 단순한 소원이었다면 조그만 시련과 역경을 만났을 때 벌써 포기했거나 잊어버렸을 것입니다. 감당할 수 없는 낙심과 좌절 속에서도 놓을 수 없었던 저들의 소원은 무엇이었을까요? 제사장 가문이기에, 자신을 이어 제사장직을 계승할 아들을 달라고 간구한 것일까요? 만일 그렇다면, 그런 소원이었다면 하나님께서 고대하던 아들을 주셨을 때, 이제는 제사장 직분을 이을 아들을 주셨으니 감사하다고, 이제 죽어도 여한이 없다고 하나님께 감사의 고백을 드렸어야 하지 않을까요? 그러나 사가랴의 고백과 예언 어디에도 제사장 직을 이을 아들을 주셨다고 감사하는 내용은 없습니다.

사가랴와 엘리사벳은 단순히 제사장의 대를 이을 아들을 달라고 소원한 것이 아니었습니다. 만일 그런 간구였다면, 저들은 요한을 제사장으로 키웠을 것입니다. 간절히 소원하여 얻은 아들이니 반드시 그를 제사장으로 세웠을 것입니다. 그러나 우리가 잘 알듯이 요한은 제사장이 아닙니다. 세례를 베푸는 세례자 요한입니다. 그렇다면 그들은 요한이 제사장이 되기를 원했는데, 요한이 부모의 뜻을 거역하고, 부모와의 의를 끊고 제사장 직을 버리고 세례자가 된 것일까요? 결코 그렇지 않을 것입니다. 사가랴와 엘리사벳이 하나님께 자식, 아들을 달라고 간구할 때부터 그들은 요한을 제사장이 아니라, 선지자로 키우고자 했던 것으로 보입니다. 요한이 부모와의 의를 끊고 스스로 세례자, 선지자의 길을 간 것이 아니라, 오히려 제사장인 그의 부모가 요한을 선지자, 세례자로 키운 것입니다.

사가랴가 이러한 소원을 가지고 있었음을 잘 보여 주는 곳이 두 곳 있습니다. 하나는 요한이 출생할 것을 알려주는 천사의 고지를 통해 살펴볼 수 있습니다. 나머지 한 곳은 요한의 출생을 기뻐하며 고백하는 사가랴의 예언에서 볼 수 있습니다. 누가복음 1장 14절, 요한의 출생을 사가랴도 기뻐할 것이라고 천사가 말합니다. 사가랴가 요한의 출생을 기뻐하는 이유에 대해서는 15~17절에 소개합니다. 15절, 그는 "주 앞에 큰 자가 되며 포도주나 독한 술을 마시지 아니하며 모태로부터 성령의 충만함을 받는" 하나님의 사람이 될 것이라고 말씀합니다. 이러한 하나님의 사람 요한은 16절, "이스라엘 자손을 주 곧 그들의 하나님께로 많이 돌아오게" 할 것이라고 말씀합니다. 또한 17절, 요한은 "…또 엘리야의 심령과 능력으로 주 앞에 먼저 와서 아버지의 마음을 자식에게, 거스르는 자를 의인의 슬기에 돌아오게 하고 주를 위하여 세운 백성을 준비"하는 사명을 감당할 것입니다.

사가랴와 엘리사벳은 이스라엘을 하나님께로 돌이키기를 간구했습니다. 이러한 간구함이 요한을 통하여 이루어지게 되었습니다. 요한의 출생은 사가랴와 엘리사벳이 바라고 간구하던 사명의 성취를 의미하는 것입니다. 이스라엘을 하나님께로 돌이키고자 했던 저들의 간구함의 성취를 바라보며 기뻐했던 것입니다. 이스라엘이 길고 긴 신앙의 방황을 끝내고 하나님께로 돌아오게 하는 회개의 사명을 감당하는 사명자를 간구했던 소원이 성취될 것이라는 약속을 듣고 기뻐한 것입니다.

누가복음 1장 67~79절에 기록된 사가랴의 예언의 내용을 보면 사가랴는 출생한 아들 요한이 예수 그리스도의 길을 준비하고, 하나님의 구원을 전하게 될 것이라고 예언합니다. 아들 요한이 이런 일을 감당해 주기를 소원하고 있었던 것입니다. 사가랴는 단순한 아들이 아니라, 하나님의 구원을 증거하고, 죄인들을 여전히 사랑하시기에 용서하고 싶어 하시는 하나님의 은혜를 증거하는 사명자 아들을 간구한 것입니다.

사가랴는 요한을 이러한 사명자로 세우기 위하여 요한을 준비시키고, 훈련시켰습니다. 누가복음 1장 80절, "아이가 자라며 심령이 강하여지며 이스라엘에게 나타나는 날까지 빈 들에 있으니라." 요한은 "빈 들에" 있었습니다. 요한 스스로 "빈 들"로 간 것이 아니라, 사가랴와 엘리사벳이 요한을 하나님의 사명자로 준비시키고, 훈련시키기 위해서 훈련의 장소 "빈 들"로 보낸 것입니다. 한나가 젖 뗀 사무엘을 실로의 엘리 제사장에게 보낸 것처럼 말입니다. 이 부분은 「빈 들」(ἐν ταῖς ἐρήμοις–엔 타이스 에래모이스)에서 자세히 살펴보겠습니다.

한 가지 의문이 생깁니다. 방황하는 하나님의 백성을, 하나님께 돌이키게 하는 회개의 사명을 요한을 제사장으로 세워서, 더 영향력 있는(사람들이 더 영향력 있다고 생각하는) 제사장 요한을 통해서도 이룰 수 있지 않았을까요? 그런데도 왜 사가랴는 제사장 직분을 물려주지 않았을까요? 사가랴가 제사장으로는 그런 사명을 감당할 수 없다고 생각했던 것일까요? 왜 제사장으로는 이 사명을 감당할 수 없다고 생각했을까요? 사가랴가 생각하고 있던 당시 제사장들, 종교지도자들의 모습이 어떠했길래 그들은 이런 사명을 감당할 만한 그릇이 되지 못했을까요? 당시 제사장, 종교지도자들의 모습을 살펴보면, 왜 사가랴가 간구함과 소원의 아들 요한에게 제사장 직을 물려주기를 거부했는지 발견할 수 있습니다.

당시 저들의 모습을 잘 살펴볼 수 있는 사건이 있습니다. '예수님의 성전정화 사건'입니다. 예수님의 성전정화 사건에서 보이듯, 저들은 열심은 있었으나 그것은 오히려 성전을 삼키는 열심이었습니다. 하나님의 뜻 안에 머물지 않는 열심은 오히려 독이 됩니다. 요한복음 2장 17절, "제자들이 성경 말씀에 주의 전을 사모하는 열심이 나를 삼키리라 한 것을 기억하더라." 열심은 하나님의 뜻 안에서 이루어져야 합니다. 시편 69편 9절, "주의 집을 위하는 열성이 나를 삼키고…." 저들의 이러한 모습을 마태복음 15장 8~9절도 말씀합니다. "이 백성이 입술로는 나를 공경하되 마음은 내게서 멀도다 사람의 계명으로 교훈을 삼아 가르치니 나를 헛되이 경배하는도다." 이사야 29장 13절, "주께서 이르시되 이 백성이 입으로는 나를 가까이 하며 입술로는 나를 공경하나 그들의 마음은 내게서 멀리 떠났나니 그들이 나를 경외함은 사람의 계명으로 가르침을 받았을 뿐이라."

이와 같이 당시 제사장, 종교지도자들의 모습은 신앙이라는 모습은 있었지만, 하나님께서 기뻐하시는 신앙은 아니었습니다. "사람의 계명"의 신앙이었습니다. 이러한 저들의 모습을 한 마디로 표현한다면, 무너지고 왜곡된 신앙입니다. 신앙의 기초가 무너지고, 왜곡되었습니다. 이러한 제사장이라는 그릇으로는 하나님께서 기뻐하시는 신앙을 온전히 담을 수 없었습니다. 담았다 할지라도 담은 것마저 오염-왜곡시키고 말 것입니다. 그래서 예수님께서 "새 포도주는 새 부대에 넣어야 둘이 다 보전되느니라."(마 9:17) "오직 새 포도주는 새 부대에 넣느니라"(막 2:22)고 말씀하셨던 것입니다.

아버지 사가랴가 요한을 제사장으로 세웠다면, 그래서 제사장 요한으로 신앙의 기초를 바로 세우고자 했다면, 분명 요한도 그 제사장에 물들고 말았을 것입니다. 바로 이점이 사가랴의 통찰력입니다. 신앙의 기초를 회복하고, 예수 그리스도의 길을 준비하기 위해 "새 포도주는 새 부대에" 담아야 한다는 것을 알고 아들 요한을 "빈 들"에서 훈련시켰습니다. 사가랴의 통찰력과 지혜가 요한을 하나님의 사명자로 세울 수 있었습니다. 사가랴는 자신이 몸담고 있는 당시 제사장과 종교지도자들의 모습을 안타까워했을 것입니다. 이 안타까움을 돌이키고 싶어 했을 것입니다.

제사장의 신분으로서 자신도 많은 노력을 했겠지요? 그러나 이룰 수 없었던 것 같습니다. 그래서 이 꿈을 이룰 아들을 달라고 간구하기 시작했습니다. 제사장 직을 이을 직분자보다 하나님의 사명을 감당할 사명자가 더 우선했기 때문입니다. 직분(제사장)은 사명(하나님의 뜻)을 담는(전하는) 그릇입니다. 그러나 직분이 사명을 담지 못하자, 더 본질적인 사명을 붙잡은 사가랴와 엘리사벳입니다. 그들의 놀라운 통찰력과 담대함을 볼 수 있습니다.

하나님께 구한 사명자를 응답받은 사가랴와 엘리사벳에게는 이제 사명자 요한을 준비시켜야 하는 새로운 사명이 생겼습니다. 저들은 이 사명을 감당하기 위해 모든 것을 버리고 포기했습니다. 제사장이라는 기득권을 포기해야 했습니다. 아들에게 제사장 직 물려주기를 거절했을 때, 그들은 제사장이라는 기득권을 함께 포기했습니다. 제사장의 가문의 대를 자신들의 대에서 끊어야 했습니다. 아무 것도 모르는 사랑하는 아들 요한, 그 늦둥이를, 결과적인 이야기지만, '시대의 저항아'로, '권력자 헤롯에게 참수당하는 죄인(세상에 죄인)'으로 살게 해야 했습니다. 아들의 이런 길을 내다보면서도 아들을 그렇게 키워야 했던 부모의 고통보다 더 큰 고통은 없습니다.

사가랴와 엘리사벳은 이 모든 비난과 조롱, 고통을 극복했습니다. 오늘 우리에게만큼은 사가랴와 엘리사벳은 기득권을 포기한 어리석은 사람이 아닙니다. 오히려 그들은 아직 보이지는 않지만 더 큰 영광과 축복을 위하여 자신들의 모든 것을 투자한 현명하고 지혜로운 하나님의 사람입니다. 세례자 요한도 시대의 저항아, 헤롯에게 참수당한 불쌍한 죄인이 아닙니다. 하나님의 사명을 감당해 예수 그리스도의 길을 준비하고, 죄 사함을 얻게 하는 회개의 세례로 하나님의 백성을 하나님께로 돌이킨 세례자 요한입니다. 이런 멋진 사명자 요한을 사가랴와 엘리사벳이 꿈꾸고 준비시키고 세웠습니다. 아버지 사가랴와 어머니 엘리사벳이 없었다면 하나님의 사명자, 세례자 요한도 없었을 것입니다.

오늘 우리 시대를 보면, 먼저는 사가랴와 엘리사벳이 절실한, 간절히 그리운 시대입니다. 요한과 같이 하나님의 사명, 무너진 신앙의 기초를 회복시키는 사명을 감당하는 하나님의 사람이 절실하기 때문입니다. 사가랴와 엘리사벳 없이는 요한도 없습니다. 요한 같이 쓰임받기를 소원하고 간구하는 우리에게 그들과 같은 부모님, 지도자, 목사, 선배가 그리운 시대입니다. 그들과 같은 부모님, 지도자, 목사를 만나는 이는 요한과 같은 사명자로 세워질 것입니다.

누군가는 사가랴와 엘리사벳의 삶, 신앙이 실패한 것이라고 하겠지만, 요한의 삶이 비참하다고 하겠지만 그들보다 더 충만한 기쁨과 평안으로 살아간 사람은 없을 것입니다. 이런 삶을 살고, 이런 사명자가 되기를 소원하는 우리 모두를 위해 우리의 사가랴와 엘리사벳이 되어줄 부모님, 지도자, 목사가 많았으면 좋겠습니다.

사가랴와 엘리사벳 같은 부모님, 지도자, 목사들이 많아지기를 바랍니다. 자신만을 위한 삶, 신앙이 아니라 하나님의 영광을 위하여 회개와 회복의 사명을 감당할 하나님의 사람을 구하고, 준비시키고, 훈련시켜 세워 줄 사가랴와 엘리사벳이 많이 있어야 합니다. 그 오랜 시간 동안 낙심과 좌절을 겪으면서도 결코 포기하지 않았던, 아니 그렇기에 오히려 더욱 하나님께 매달려 간구하면서 그 험하고, 오랜 하나님의 시험을 통과한 사가랴와 엘리사벳과 같은 부모님이 내일을 위해 요한을 준비시켜야 합니다. 요한이 아버지 사가랴와 어머니 엘리사벳으로 인해 세워졌음을 잊지 말아야 합니다.

사가랴의 간구함

"천사가 그에게 이르되 사가랴여 무서워하지 말라 너의 간구함이 들린지라 네 아내 엘리사벳이 네게 아들을 낳아 주리니 그 이름을 요한이라 하라 너도 기뻐하고 즐거워할 것이요 많은 사람도 그의 태어남을 기뻐하리니 이는 그가 주 앞에 큰 자가 되며 포도주나 독한 술을 마시지 아니하며 모태로부터 성령의 충만함을 받아 이스라엘 자손을 주 곧 그들의 하나님께로 많이 돌아오게 하겠음이라 그가 또 엘리야의 심령과 능력으로 주 앞에 먼저 와서 아버지의 마음을 자식에게, 거스르는 자를 의인의 슬기에 돌아오게 하고 주를 위하여 세운 백성을 준비하리라"(누가복음 1장 13~17절)

사가랴의 간구함이 무엇인지, 그 내용을 살펴볼 수 있는 곳은 두 곳입니다. 앞에서 잠깐 살펴보았듯이, 한 곳은 하나님의 뜻을 사가랴에게 전하는 천사의 고지고, 다른 한 곳은 기도 응답의 아들 요한에게 전하는 사가랴의 예언입니다. 두 곳에 나타난 사가랴의 간구함의 내용을 살펴본 후에, 이런 간구함을 기도한 사가랴가 어떤 사람이었는지 살펴보고자 합니다.

먼저, 하나님의 뜻을 전한 천사의 고지입니다. 누가복음 1장 13절, 오랜 세월 많은 좌절과 역경에도 불구하고 포기하지 않고 자식을 구한

"사가랴의 간구함"을 하나님께서 들어주셨습니다. 하나님께서는 "사가랴의 간구함"을 기쁘게 들어주셨습니다. 이것은 하나님께서 사가랴의 간구함을 기쁘게 여기셨다는 것을 의미합니다. 그래서 하나님께서는 자식을 구한 사가랴에게 아들을 허락하실 뿐만 아니라, 그 이름까지 "요한"으로 친히 지어 주셨습니다. "사가랴의 간구함"은 하나님의 뜻과 계획에 꼭 맞는 기도였습니다. 그러므로 '하나님의 뜻과 계획'은 "사가랴의 간구함"을 통해 살펴볼 수 있습니다. 그리고 간구함의 응답인 아들 요한을 통해서도 하나님의 뜻과 계획을 살펴볼 수 있습니다.(“요한”의 의미에 대해서는 다음 장에서 「요한−Ἰωάννης(요안내스)」라는 제목으로 다루겠습니다.)

14절, "너도 기뻐하고 즐거워할 것이요." 하나님께서 응답해주시는 아들 요한은 사가랴의 기쁨과 즐거움입니다. 15절 "이는"은 사가랴의 기쁨과 즐거움의 이유를 알려주는 '접속사'입니다. "이는"의 원문의 표현 γὰρ(가르)는 '이유'와 '원인'을 나타내는 접속사로서 '~때문에−for'의 의미를 가집니다. 그러므로 15~17절은 14절에서 사가랴가 기뻐하고 즐거워하는 이유가 무엇인지 구체적으로 밝혀주는 말씀입니다. 사가랴가 기뻐하고 즐거워하는 것은 단순히 요한의 출생이 아니라, 15~17절에 기록된 요한이 감당할 사명과 직접적으로 연관되어 있습니다. 15절은 요한이 온전한 하나님의 사람임을 말씀합니다. 16절은 이스라엘 자손을 하나님께 돌아오게 하는 것이 요한의 사명이라고 말씀합니다.

그 사명이란 17절, "…엘리야의 심령과 능력으로 주 앞에 먼저 와서 아버지의 마음을 자식에게, 거스르는 자를 의인의 슬기에 돌아오게 하고 주를 위하여 세운 백성을 준비"시키는 것입니다. 이 말씀은 구약 말라기 4장 5~6절의 예언과 연결됩니다. "보라 여호와의 크고 두려운 날이 이르기 전에 내가 선지자 엘리야를 너희에게 보내리니 그가 아버지의 마음을 자녀에게로 돌이키게 하고 자녀들의 마음을 그들의 아버지에게로 돌이키게 하리라…." 하나님을 떠난 이스라엘, 하나님의 백성의 마음을 아버지께로 돌이키게 하는 것이 요한의 사명입니다. 결국 사가랴는 하나님의 백성이 온전히 하나님께로 돌이키는 것을 사모하고 간구했던 것입니다. 사가랴와 엘리사벳은 하나님과 이스라엘 백성의 회복의 사명을 감당할 아들을 응답받고 기뻐하고 즐거워했습니다.

두 번째는 간구함의 응답의 아들 요한을 향한 사가랴의 예언에서 볼 수 있습니다. 사가랴의 예언은 누가복음 1장 67~79절에 기록되어 있습니다. 사가랴의 예언은 두 부분으로 나눌 수 있습니다. 하나님을 찬양하는 68~75절과 요한을 향한 예언-기대와 소망을 선포한 76~79절입니다. 68절, 하나님께서는 "이스라엘의 하나님"이시며, "그 백성-이스라엘을 돌보사 속량"하시는 하나님이십니다. 69절, "우리", 곧 하나님의 백성을 위하여 "구원의 뿔"을 베푸시는 하나님이시며, 71절, "구원"하시는 하나님이시고, 72~73절, 아브라함과의 언약을 기억하사 "긍휼히 여기시는 하나님"이십니다. 사가랴의 이러한 찬양은 하나님의 역사하심을 나열하는 것만은 아닐 것입니다. 그때 그 하나님께서 오늘도 이런 역사하심으로 하나님의 백성, 이스라엘과 함께 해 주시기를 소원하는 간구기도 합니다. 하나님의 이러한 사랑과 은혜, 돌보심이 이스라엘을 향하시기를 간구하고 있는 것입니다. 이 소원을 이루기 위하여 "요한"을 간구했던 것입니다.

하나님께서는 하나님의 백성을 언제나 동일하게 사랑하십니다. 언제나 구원의 길을 열어 두셨습니다. 그러므로 하나님과 하나님의 백성이 관계 회복되는 책임은 이스라엘에게 달려 있습니다. 하나님의 백성이 하나님과 관계를 회복하게 하는 길, 바로 이 길이 사가랴의 예언의 두 번째 내용으로써 요한이 감당할 사명입니다. 76절, 하나님과의 온전한 회복은 예수 그리스도를 통해 성취됩니다. 요한은 예수 그리스도의 길을 준비하는 사명을 가지고 있습니다. 77절, 하나님의 백성을 예수 그리스도께 그리고 하나님께로 나아가게 하는 것은 "죄 사함으로 말미암는 구원"을 증거하는 사명입니다. 하나님께로부터 죄 사함을 얻게 하는 유일한 통로는 "회개"입니다. "회개" 없이 하나님의 죄 사함과 구원의 은혜에 참여할 수 없습니다. 천사의 고지와 사가랴의 예언은 회개를 통한 죄 사함과 이로 인한 하나님의 속량과 구원, 곧 하나님과 하나님의 백성의 관계 회복을 말씀하고 있습니다.

이것이 사가랴의 간구함이며, 사가랴가 아들 요한이 감당하기를 바라는 사명입니다. 누가복음 3장 3절은 세례자 요한의 사명을 "죄 사함을 받게 하는 회개의 세례를 전파"하는 것이라고 말씀합니다. 하나님께로부터 죄 사함을 얻어 관계 회복을 이루기 위해 회개를 촉구하고, 이 회개를 이루는 하나의 통로로써 세례를 사용하고 있습니다. 세례는 요한의 고유한 방식일 수 있으나, 세례가 의미 하는 바 "회개"와 "죄 사함", 그리고 '하나님과 하나님의 백성과의 관계 회복'은 '사가랴의 간구함'이며, 더 앞서는 '하나님의 계획, 뜻'입니다. 요한은 하나님의 뜻과 아버지 사가랴의 간구함을 '세례'라는 통로를 통해 이루었습니다.

이러한 소원을 가진 사가랴, 그의 간구함을 통해 우리는 사가랴가 어떤 사람이었는지 살펴볼 수 있습니다. 먼저 사가랴는 분별력을 가진 사람입니다. 사가랴는 하나님의 사명이 무엇인지, 하나님께서 무엇을 원하시는지, 또한 하나님의 사명자로서 자신이 무엇을 해야 할지를 잘 분별했습니다. 자신은 나이가 많아 더 이상 이 사명을 감당할 수 없기에 이 사명을 감당할 아들을 구하고, 그 아들을 준비시켜야 함을 잘 알았습니다.

사가랴의 분별력은 또한 이런 것들입니다. 그는 자신이 제사장 안에 있었으면서도, 그 안에 물들지 않고, 당시 제사장과 종교지도자들의 모습이 하나님의 사명자의 모습이 아니라는 것을 정확히 분별했습니다. 그가 아들에게 제사장 직을 계승시키지 않은 것은 제사장 직을 계승시켜, 제사장 가문의 대를 잇는 것보다 더 중요하고 긴급한 사명이 있었음을 분별했기 때문입니다. 그것은 모든 백성을 하나님께로 돌이키고자 소원하시는 하나님의 계획과 뜻을 이루어 드리는 것입니다. 또한 이 일을 감당하기 위해서는 “새 부대”가 필요함을 깨닫고, 아들 요한을 “빈 들”로 보내 선지자, 세례자로 준비시키고, 훈련시켰습니다.

또한, 사가랴는 담대한 사람입니다. 그의 담대함은 이런 것들입니다. 사람은 그가 품은 사명과 비전이 아무리 높다 해도 현실이라는 벽을 여간해서는 넘지 못합니다. 타협하고 맙니다. 그러나 그는 하나님께서 주신 이 비전을 성취하기 위해 제사장 가문의 대를 끊을 정도로 타협을 거절했습니다. 그 당시 사가랴에게 제사장 직 계승은 타협이 아니라, 진리였을 것입니다. 그러나 진리라고 여겨지는 것이 사실은 어떠한 것인지를 바로 볼 수 있었고, 이 통찰력에 따라 더 본질적인 하나님의 뜻을 구하고자 담대하게 행했습니다.

심지어는 사랑하는 아들, 독자, 늦둥이 아들 요한을 그렇게 키우고 세우면, 그의 앞길이 어떤 길인지 상상할 수 있었을 텐데도 요한을 결국은 '시대의 저항자', '헤롯에게 참수당하는 죄인'으로 키웠습니다. 이 부분에서는 사랑하는 독자 이삭을 번제로 드리기로 순종한 아브라함과 사가랴를 연결 짓지 않을 수 없습니다. 부모에게 이것보다 더 큰 아픔과 고통은 없을 것입니다. 그러나 사가랴는 하나님의 뜻, 자신의 사명을 이루기 위해 담대하게 요한을 준비시키고 세웠습니다. 이러한 '사가랴의 담대함'은 '사가랴의 실천성'이라 말할 수 있습니다. 비난과 조롱, 피해와 손해로 인하여 실천하지 않는 사람은 알고 있을지라도, 담대한 사람은 아닙니다. 담대한 사람은 아는 것, 곧 하나님께서 주신 말씀-사명을 그대로 말하고 실천하는 사가랴와 같은 사람입니다.

사가랴가 분별력과 담대함의 사람이었기에 아들 요한을 구할 수 있었고, 사명자로 키울 수 있었습니다. 분별력만 가지면 부족한, 어리석은 사람에 지나지 않습니다. 담대함만 지니면, 그는 허풍쟁이가 되기 쉽습니다. 사가랴는 분별력과 담대함을 함께 지닌 하나님의 사람이었습니다. 사가랴에게서 보이듯 분별력과 담대함은 함께해야 합니다. 이런 원리를 '시너지 효과'라고 말할 수 있습니다. 하나의 에너지가 아니라, 둘 이상의 에너지가 함께할 때 그 능력이 배가, 아니 상상할 수 없는 위력을 발휘하게 하는 원리입니다.

'시너지-synergy'란 말은 헬라어 συνεργός(쉬네르고스)와

συνενέργεια(쉬네네르게이아)에서 유래했습니다. συνεργός(쉬네르고스)는 '함께'를 의미하는 σύν(쉰)과 '일'을 의미하는 ἔργον(에르곤)의 합성어로서 '두 개 이상의 것이 하나로 협력 작용하는 것, 그리고 이 협력 작용에 의해서 독립적으로 만들어낼 수 있는 것 이상의 결과, 영향을 만들어내는 것'을 의미합니다. συνενέργεια(쉬네네르게이아)는 σύν(쉰, 함께)과 ἐνέργεια(에네르게이아, energy, 에너지)의 합성어로서 '두 개 이상의 에너지가 협력 작용하여 독립적으로 만들어낼 수 있는 것 이상의 결과, 영향을 만들어내는 것'을 의미합니다. 사가랴와 같은 인물은 그리 흔치 않습니다. 분명 그는 시너지 효과와 같은 인물입니다. 사가랴의 두 개의 에너지는 '분별력'과 '담대함'입니다. 이 두 에너지가 '시너지 효과'로 만들어낸 결과가 바로 세례자 요한입니다.

그는 분별력이 있었기에 무엇이 하나님의 뜻인지, 자신이 어떤 소원을 품어야 하는지, 어떤 일을 감당해야 할지를 잘 알았습니다. 그는 담대함도 있었기에 시대의 소리, 비난과 위협을 개의치 않았습니다. 시대에 안주하지 않을 수 있었습니다. 그는 한 시대의 제사장 직분에 안주하지 않았습니다. 아들에게 물려주지도 않았습니다. 아들을 온전한 제사장으로 세우고자 했다고 해야 옳을 것입니다! 그는 '한 시대의 사람'이 아니었습니다. '한 시대의 사람'은 그 시대에 아무리 위인, 영웅이었다 하더라도 다음, 다른 세대에서 평가가 절하되기 쉽습니다. 한 시대만의 사람이었기 때문입니다. 사가랴는 이러한 '한 시대의 사람'이 아니라 '영원의 사람', '모든 시대의 사람'이 되기를 소원했습니다. 그는 늦둥이 아들 요한도 '한 시대의 사람', '한 시대의 제사장'에만 머물기를 원하지 않았습니다. '하나님의 영원한 사명자', '모든 시대의 사명자'가 되기를 간구했습니다. 그리고 요한을 그렇게 준비시키고, 훈련시켜 그렇게 세웠습니다.

분별력과 담대함의 에너지를 소유한 사가랴에게서 시너지 효과로 나타난 결과물이 요한입니다. 우리도 요한과 같은 제자를 키우고 싶다면, 먼저 분별력과 담대함을 소유한 사가랴와 같은 하나님의 사람이 되어야 할 것입니다. 분별력을 위해서는 하나님의 말씀 속에 묻혀야 할 것이고, 담대함을 위해서는 하나님만을 바라보는 전적인 의지를 훈련하고 키워야 할 것입니다. 이런 스승이 이런 제자를 키웁니다. 이런 제자를 얻기 위해서 이런 스승이 되고자 하는 것은 스승의 아름다운 준비일 것입니다.

오늘 우리의 간구함은 무엇입니까? 우리의 간구함은 무엇이 되어야 합니까? 분별력으로 하나님의 뜻을 발견하고, 담대함으로 하나님의 응답을 실천해 내는 사가랴와 엘리사벳 같은 신앙의 시너지 효과를 이루는 성도가 되어야 할 것입니다.

요한 (Ἰωάννης–요안내스)

"천사가 그에게 이르되 사가랴여 무서워하지 말라 너의 간구함이 들린지라 네 아내 엘리사벳이 네게 아들을 낳아 주리니 그 이름을 요한이라 하라"(누가복음 1장 13절)

누가복음 1장 7절, "엘리사벳이 잉태를 못하므로." 1장 13절, 그럼에도 그들은 오랜 세월 동안 포기하지 않고 자식을 달라고 간구했습니다. 하나님의 뜻을 이루는 '아들'을 달라고 기도드렸습니다.(남녀차별을 말하려는 것이 아닙니다.) 13절, 하나님께서 저들의 간구함을 들으시고 응답해 아들을 주셨습니다. 하나님께서 사가랴와 엘리사벳의 간구함에 응답하셨습니다. 그런데 하나님께서는 사가랴와 엘리사벳이 간구하지 않은 것까지 허락하셨습니다. 아들을 달라고 간구한 저들에게 "요한"이라는 이름까지 선물해 주셨습니다.

구하지 않은 것을 선물로 주셨습니다. 하나님께서 사가랴와 엘리사벳을 기쁘고 좋게 여기셨습니다. 저들의 간구함의 소원이 하나님께서 기뻐하시고 좋아하실 만한 것이었습니다. 하나님의 계획과 뜻을 깨달아 알고, 이 사명을 감당할 아들을 달라고, 그 오랜 시간의 낙심과 좌절까지도 극복하고 신실하게 간구한 저들이었습니다. "요한"이라는 세례자와 그 이름은 하나님께서 이러한 기쁨 가운데 주신 최고의 선물입니다. 그렇기에 "요한"이라는 이름 안에는 사가랴와 엘리사벳의 간구함의 내용 뿐만 아니라, 하나님의 뜻과 계획도 담겨 있습니다. 물론 요한이 감당해야 할 사명이 무엇인지도 살펴볼 수 있습니다.

'Ιωάννης(요안내스)는 히브리 이름, 여호하난(יְהוֹחָנָן-예호하난), 요하난(יוֹחָנָן-요하난)을 헬라어로 음역한 이름입니다. 그 의미는 '여호와께서는 은혜-자비로우시다'입니다. 그러므로 사가랴와 엘리사벳의 간구함의 본질은 하나님의 은혜로우심을 이스라엘에게 증거하는 것이었습니다. 또한 바로 이것이 하나님께서도 기뻐하시고 원하시는 소원입니다. 그리고 요한에게는 "요한", 곧 여호와께서 은혜로우신 분임을 증거하는 사명입니다.

요한은 이 사명을 어떻게, 무엇으로 감당했을까요? 먼저, 하나님의 말씀을 전한 천사의 고지에 나타난 요한의 사역입니다. 1장 16절, '이스라엘 자손을 하나님께로 돌아오게 하는 사역'입니다. 17절, '엘리야의 심령과 능력으로 하나님의 마음을 하나님의 백성에게, 그리고 하나님의 백성의 마음을 하나님께로 돌이키는 사역'입니다. 이러한 요한의 사역은 '하나님과 하나님의 백성의 관계를 회복시키는 사역'이라고 말할 수 있습니다. 이 사역을 요한을 통해 이루시려고 하신 것을 볼 때, 하나님께서는 죄인인 하나님의 백성과 관계 회복을 원하시는 분이심을 알 수 있습니다.

사가랴의 예언에 나타난 요한의 사역입니다. 1장 76절, '예수 그리스도의 길을 준비하는 사역'입니다. 77절, '예수 그리스도를 통해 죄사함과 구원을 준비하는 사역'입니다. 하나님께서는 죄인을 속량하시고, 구원하시기를 원하십니다. 세상 어느 누가 죄인과 관계를 회복하기를 원합니까? 설령 원한다 할지라도, 죄인이 먼저 와서 용서를 빌기를 기다리는 것이 아니라, 스스로 찾아가서 용서해 주고 회복해 주기를 원하겠습니까? 세상 어느 누가 그 죄인들을 의인으로, 자녀로 세워 줍니까? 그러나 하나님께서는 먼저 용서하고 회복시켜 주시기를 원하십니다. 이런 하나님은 "은혜로우신 하나님", "요한"이라는 이름을 통해 바라볼 수 있는 하나님이십니다.

하나님의 은혜로우심은 두 가지 측면에서 살펴볼 수 있습니다. 용서는 죄를 지은 자, 관계를 깨뜨린 자가 빌어야 합니다. 하나님과 죄인의 관계 회복을 이야기한다면, 당연히 죄인인 우리가 하나님과의 관계 회복을 위하여 힘쓰고 애써야 합니다. 그런데 하나님께서 오히려 수고하고 애쓰십니다. 죄인이 관계 회복을 위하여 수고하고 애쓰지 않기 때문입니다. 또한 할 수도 없기 때문입니다. 세상에 어느 누가 용서해 달라고 빌어야 할 죄인을 용서해 주려고, '제발 용서하게 해 달라!'고 예언자를, 나중에는 독생자까지 보냅니까? 은혜로우신 하나님만 하실 수 있습니다. 또한 하나님의 이 은혜로우심의 정도도 대단합니다. 형식적인 은혜, 용서가 아닙니다. 독생자 예수 그리스도를 십자가에 달기까지 적극적으로, 아낌없이 베풀어 주신 크신 은혜입니다.

먼저 손을 내밀어 주시고, 상상할 수 없을 정도의 사랑으로 품어 주신 하나님, 그 분은 은혜로우신 하나님입니다. 바로 요한이 증거하고 전해야 할 하나님입니다. 에베소서 2장 4절은 하나님의 이러한 사랑을 "긍휼이 풍성하신 하나님이 우리를 사랑하신 그 큰 사랑"이라고 표현합니다. **διὰ τὴν πολλὴν ἀγάπην αὐτοῦ**(디아 탠 폴랜 아가팬 아우투–그의 그 큰 사랑으로 인하여–사랑 덕분에). **πολλὴν**(폴랜, 기본형, **πολύς**–폴뤼스)은 '큰', '위대한'을 의미합니다. 죄인을 향한 "하나님의 위대한–큰 사랑"

은 '죄인 대신 오히려 먼저 사랑해 주심'과 '그 사랑해 주심의 정도가 상상을 초월할 정도의 적극적이고, 희생적인 사랑'에 있습니다.

그렇다면, '은혜'란 무엇일까요? '은혜'를 의미하는 두 단어가 있습니다. '기쁨'을 의미하는 χάρις(카리스)가 있습니다. 하나님께서 주시는 기쁨이 은혜입니다. 하나님께 기쁨을 얻고, 위로를 얻었다면, 그것이 하나님께서 주시는 은혜입니다. 또 하나의 단어는 χαρίζομαι(카리조마이)입니다. 그 의미는 '친절을 베풀다', '값없이 주다', '값없이 베푸는 선물'입니다. 하나님께서 죄인인 우리에게 값없이 베풀어 주신 관계 회복과 속죄, 구원의 선물은 더없는 우리의 기쁨이며, 행복입니다. 죄인인 우리에게 이것보다 더 큰 기쁨이 있을까요? 없습니다. 만약 있다면, 그것은 기쁨이 아닌 것을 기쁨으로 여기는 착각입니다.

이렇게 이야기하면, 하나님께서는 일방적으로 수고와 희생을 하시고, 우리는 기쁨과 값없이 베푸는 은혜의 선물을 일방적으로 받기만 하는 모습으로 그려질 수 있습니다. 과연 이 기쁨-은혜는 우리만의 것일까요? 당연히 하나님의 것이기도 합니다. 예를 듭니다. 자녀의 기쁨을 위해 부모가 헌신하고 희생합니다. 그로 인해 자녀가 기쁨을 얻고, 위로와 희망을 얻습니다. 비록 헌신하고 희생했지만 그래서 얻은 것 없어 보이지만, 오히려 부모는 위로받고, 희망을 얻어 기뻐하는 자녀를 바라보며 더 기뻐합니다. 하나님의 백성의 기쁨은 하나님께 가장 큰 기쁨입니다. 자녀가 누리는 기쁨을 당신의 기쁨으로 여기시는 자비로우시고 은혜로우신 하나님이십니다. 하나님께서는 단지 이 이유 하나 때문에 오히려 먼저 손을 내밀어 주셨고, 상상을 초월하는 사랑과 희생으로 예수 그리스도를 십자가로 보내셨습니다.

요한은 하나님의 이러한 은혜로우심과 자비하심을 하나님의 백성들에게 전해야 하는 사명자입니다. 또한 이 사명은 오늘 우리들의 것이기도 합니다. 목사든 성도든 누구도 이 사명을 외면할 수 없습니다. 요한은 이 사명을 잘 감당했는데, 우리는, 나는 어떨까요? 어떻게 이 사명을 감당해야 할까요? 요한이 이 사명을 잘 감당했으니, 우리도 요한과 같으면, 잘 감당할 수 있지 않을까요? 요한은 어떤 사람이었을까요? 1장 15절, 그는 "주 앞에 큰 자"입니다. 큰 사람, 신실한 성도가 되어야 합니다. 특별히 "주 앞에", 곧 '주 안에서 큰 자'가 되어야 합니다. 사람 앞에서 큰 자는 인기와 명예는 있을지 모르지만, 이런 사명은 감당할 수 없습니다. 비록 사람의 인기와 명예를 얻지 못한다 할지라도, 세상이 알아주지 않는다 할지라도 "주 앞에 큰 자"가 되어야 합니다.

'포도주나 독한 술을 멀리 해야 합니다.' 민수기 6장 3절, "포도주와 독주를 멀리"하는 나실인과 같아야 합니다. 또한 "성령의 충만함"을 입은 사람이어야 합니다. 그러나 우리는 모태로부터 성령의 충만함을 입지는 못했을 것입니다. 그러니 이제라도 성령 충만한 사람으로 변화, 성숙되어야 합니다. 이런 사람은 1장 17절, "엘리야의 심령과 능력"을 지니게 될 것입니다.

하나님께서 은혜로우신 분이심을 증거하기를 소원한다면, '오늘의 요한'과 같이 쓰임받기를 소원한다면, 요한과 같이 변화되고 성숙되어야 할 것입니다. 요한이 "빈 들에서 하나님의 말씀이 임하기까지" 훈련받고 준비했던 것과 같은 삶이 오늘 우리에게도 있어야 할 것입니다. 그 "빈 들"이 오늘 우리에게도 있어야 합니다. 하나님의 사람을 세우고, 훈련하는 장소, 그 "빈 들"이 저와 여러분, 우리들, 하나님을 영혼으로부터 사랑하는 모든 이들에게 있어야 합니다.

빈 들에(ἐν ταῖς ἐρήμοις–엔 타이스 에래모이스)

"아이가 자라며 심령이 강하여지며 이스라엘에게 나타나는 날까지 빈 들에 있으니라"(누가복음 1장 80절)

요한은 사가랴와 엘리사벳의 간구함의 아들, 곧 서원의 아들입니다. 하나님께서 서원의 응답으로 주신 아들이기에 서원대로 요한을 키워야 합니다. 득남의 기쁨은 잠시, 이별의 아픔이 사가랴와 엘리사벳에게 찾아옵니다. 사무엘의 어머니 한나도 서원의 아들 사무엘을 실로의 제사장 엘리에게로 보냈습니다. "오직 한나는 올라가지 아니하고 그의 남편에게 이르되 아이를 젖 떼거든 내가 그를 데리고 가서 여호와 앞에 뵙게 하고 거기에 영원히 있게 하리이다 하니."(삼상 1:22) 그 슬픔이 얼마나 컸던지 사무엘의 어머니 한나는 올라가지 않았습니다.

서원의 아들, 사무엘을 위해 한나가 택한 방법은 "실로의 성소"였습니다. 서원의 아들, 요한을 위해 사가랴와 엘리사벳이 택한 방법은 "빈 들"입니다. 누가복음 1장 80절, 어린 요한이 "빈 들에" 있습니다. 어린 아이가 스스로 빈 들을 찾아갔다고 보는 것은 무리가 있습니다. 부모가 보냈다고 보아야 합니다. 요한이 하나님께서 주신 그의 이름 "요한"처럼, '하나님께서 은혜로우신 분이심'을 증거하는 사역을 감당하는 사명자로 세워지기 위해서는 누가복음 1장 15절 말씀처럼, "주 앞에 큰 자"가 되고, "포도주나 독한 술을" 멀리해야 하고, "모태로부터 성령의 충만함"을 받아, "엘리야의 심령과 능력으로" 준비되어야 합니다. 이런 준비와 훈련을 제공하기 위해 사가랴와 엘리사벳이 요한을 "빈 들"(ἔρημος-에래모스, 광야)로 보낸 것입니다. 물론 사가랴와 엘리사벳이 요한과 함께 빈 들에 거하며 훈련시켰다고 볼 수도 있습니다. 그러나 한나와 사무엘의 경우처럼 요한을 떼어 보냈을 것입니다.

젖을 뗀 사무엘을 실로의 성소에 맡기던 한나의 마음과 요한을 빈 들로 보낸 사가랴와 엘리사벳의 마음은 다르지 않을 것입니다. 그렇게 빈 들로 보내진 요한은 그곳에서 "자라며"(눅 1:80), 빈 들에서 자랐습니다. 원문의 표현은 ηὔξανεν(애욱사넨, 기본형, αὐξάνω-아욱사노, 성장하다)입니다. 이 동사는 미완료과거형으로서 '자라고 있었다.'를 의미합니다. 그러므로 이 동사는 요한이 빈 들에서 일 년, 이 년 세월을 보내며 육신적으로 성장하는 모습을 말해줍니다. 몇 살 때 빈 들로 보내졌을까요? 요한은 "아이"(눅 1:80) 시절에 빈 들로 보내졌습니다. 본문은 "아이"를 παιδίον(파이디온)으로 표현하는데 이 단어는 누가복음 2장 27절의 "아기 예수"에서 "아기"(παιδίον-파이디온)를 표현합니다. 이 아기는 21절의 "할례할 팔 일이" 된 아기입니다. 요한도 사무엘과 같이 유아 시절에 보내졌을 것입니다. 정확히 알 수는 없지만 우리의 생각보다 훨씬 어릴 적에 빈 들로 보내져 많은 시간을 빈 들에서 준비되었을 것이라 생각됩니다.

요한은 빈 들에서 "심령이 강하여졌습니다." "자라며"(ηὔξανεν-애욱사넨)가 육신의 성장을 이야기한다면, 이것은 요한의 영적인 성장을 말씀합니다. 본문의 표현 ἐκραταιοῦτο πνεύματι(에크라타이우토 프뉴마티)에서 πνεύματι(프뉴마티, 기본형, πνεύμα-프뉴마, 영)는 요한의 영적인 성장을 의미하는 단어입니다. ἐκραταιοῦτο(에크라타이우토, 기본형, κραταιόω-크라타이오오, 강하게 되다) 역시 이러한 영적인 성장을 의미합니다. 에베소서 3장 16절에서 "강건하게 하시오며", κραταιωθῆναι(크라타이오쌔나이, 기본형, κραταιόω-크라타이오오, 강하게 되다)의 대상은 "너희 속사람"(εἰς τὸν ἔσω ἄνθρωπον,-에이스 톤 에소 안쓰로폰)으로서 이 표현은 영적인 성장을 의미합니다. 요한은 빈 들에서 육적으로 그리고 영적으로 성장했습니다.

빈 들에서 요한은 "이스라엘에게 나타나는 날까지"(눅 1:80) 영적으로, 육적으로 성장했습니다. 요한이 이스라엘에 나타나는 날이란 사역을 시작하는 날입니다. 요한은 사역을 시작할 때까지 빈 들에 머무르며 육적으로 성장하고, 영적으로 성숙해졌습니다. 사명자로 준비되었습니다. 육적인 성장과 함께 영적인 성숙을 채우기 위하여 요한은 어떤 준비, 어떤 훈련을 받았을까요? 요한이 받았을 준비와 훈련은 빈 들의 특성을 살펴보면 그 윤곽을 그릴 수 있습니다. 빈 들의 특성이 요한을 준비시키고, 훈련시키기에 좋은 방법이었기에 사가랴와 엘리사벳이 요한의 훈련장소로 빈 들을 선택한 것입니다. 빈 들은 어떤 곳일까요? 빈 들은 '단절된 장소'입니다. 어린 요한에게 빈 들은 부모님과의 단절을 의미합니다. 단절된 곳이기에 외롭고 고독한 곳입니다. 어쩌면, 어린 시절부터 그렇게 자랐기에 외로움과 고독함을 모르고 자랐을 수도 있습니다. 그러나 단절된 빈 들에서 외로움과 고독을 모르고 자란다는 것은 더욱 더 가여운 모습일 것입니다. 아이 요한에게 빈 들은 견디기 어려운 외로움의 장소입니다. 그러나 외로움은 더 외로워져야 해결될 수 있습니다.

사가랴와 엘리사벳은 단절의 장소 빈 들을 택해 당시의 종교와 기성 제사장의 세계, 기초가 무너진 종교의 세계로부터 하나님의 사명자로 쓰임받을 요한이 물들지 않도록 격리시키려고 했습니다. 또한 외로움과 고독함을 넘지 못하는, 그래서 세상과 더불어(부정적인 의미로서, 긍정적인 의미로서는 세상과 더불어 살아야 합니다.) 살면, 하나님의 사명자로 세워질 수 없다는 것을 잘 알기에 세상과 단절시키는 것과 동시에 하나님만 의지하게 하려고 빈 들로 보냈습니다. 이러한 하나님의 사람으로 세우기 위해 빈 들보다 더 좋은 곳은 없습니다.

빈 들은 고독과 그리움에도 불구하고 이것을 채워줄 그 어떤 것도 제공되지 않는 곳입니다. 유일한 탈출구가 있다면, 그것은 그곳에서 하나님을 의지하고, 하나님을 배우고, 하나님의 사람으로 경건하게 훈련하여 세워지는 것뿐입니다. 외롭고 고독하기에 그만큼 더 하나님만 바라보고, 그립기에 그만큼 더 하나님을 사랑하고 의지하라고 요한을 보냈을 것입니다. 이렇게 하나님만 의지하는 사람으로 훈련되어 간다면, 후에 사명을 감당할 때, 세상의 고독과 외로움, 비난과 조롱, 멸시조차도 개의치 않고 하나님만 의지하는, 하나님의 뜻과 사명만 바라보고 나아가는 담대한 사명자로 세워질 수 있게 될 것입니다. 사가랴와 엘리사벳은 빈 들에서 요한을 이렇게 담대한 하나님의 사명자로 세우고자 계획한 것입니다. 하나님께서 주신 말씀을 환경과 상황에 굴하지 않고 다 말하는, 하나님께서 주신 사명을 비난과 조롱, 멸시 속에서도 다 행하는 담대한 사명자로 세우기 위해 빈 들은 좋은 훈련의 장소입니다.

이런 단절과 외로움-그리움의 환경, 빈 들에서 요한은 "이스라엘에게 나타나는 날까지"(눅 1:80), '하나님의 말씀이 임할 때까지'(눅 3:2) 준비되고 훈련받았습니다. 누가복음 3장 2절, "하나님의 말씀이 빈 들에서 사가랴의 아들 요한에게 임한지라." 하나님의 말씀이 요한에게 임했습니다. 하나님의 말씀이 요한에게 임했다고 하는 것은 두 가지 경우입니다. 하나는 요한이 하나님의 직접적인 계시의 음성을 받은 것을 의미할 수 있습니다. 세례 후에 예수님께 임하신 하나님의 계시의 음성처럼 말입니다. "너는 내 사랑하는 아들이라 내가 너를 기뻐하노라."(눅 3:22) 또 하나는 하나님의 말씀의 뜻, 하나님의 진리를 발견하고 깨달은 것을 의미합니다. 당시 장로들의 유전과 해석, 사람의 계명으로서의 말씀이 아니라, 하나님의 뜻과 계획을 발견하고 깨달은 것을 의미합니다.

이런 의미에서, 사가랴와 엘리사벳이 요한을 빈 들로 보낸 것은 그를 하나님의 말씀, 하나님의 뜻과 진리에 맡긴 것입니다. 하나님의 뜻과 진리, 말씀을 채워주기 위해 빈 들로 보냈습니다. 장로들의 유전과 해석, 사람의 계명이 있었지만, 그것이 아니라, 마치 종교개혁자들이 하나님의 교회라고 하는 가톨릭이 있지만, 하나님의 말씀으로 돌아가야 한다고 주장한 것과 같이, 그들로부터 요한을 하나님의 말씀으로 돌아가게 한 것입니다. 하나님의 사람이 서야 할 곳은 말씀, 하나님의 뜻이기 때문입니다. 하나님의 사람, 성도, 사명자가 있어야 할 곳, 그곳은 하나님의 말씀입니다. 세상이 하나님의 말씀이라고 주장하고 외치는 장로들의 유전과 해석, 사람의 계명까지도 분별하여 제하여 버리고, 참 하나님의 말씀 위에 서 있어야 합니다. 요한을 '하나님의 말씀으로' 돌려보냈다면, 분명 사가랴와 엘리사벳도 하나님의 말씀으로 돌아간 사람일 것입니다. 그랬기에 요한을 말씀 위에 세울 수 있었을 것입니다.

빈 들은 세상과 단절하고 하나님께 가까이 나아가는 준비와 훈련의 장소입니다. 수도자들이 사막(광야, 빈 들)을 택한 것도 이런 의미를 담고 있습니다. 빈 들은 사명자의 훈련의 장소입니다. 오늘날 빈 들을 찾을 수 없는 우리는 세상과 단절하고 하나님만 의지하는 상징적 의미로서 금식을 선택합니다. 육신적 욕망에 대하여 빈 들을 선택하는 것입니다. 사가랴와 엘리사벳은 하나님의 은혜로우심을 증거해야 하는 사명자 아들 요한이 세상과 단절하고 하나님만을 의지함으로 준비되고, 훈련되기를 소원하는 마음으로 빈 들을 택했습니다. 요한은 사명자로서 이러한 본질을 얻기 위해 "이스라엘에 나타나는 날까지", '하나님의 말씀이 임하기까지' 빈 들에서 훈련받았습니다. 그리고 누가복음 3장 2절, 하나님의 말씀이 임하자, 3절, 요한은 비로소 "요단 강 부근 각처에 와서 죄 사함을 받게 하는 회개의 세례를 전파"했습니다. 사명을 시작합니다.

요한은 빈 들을 통해 훈련받았습니다. 빈 들에서 사명자로 세워진 후, 사역을 시작했습니다. 예수님께서도 공생애를 시작하시기 전에 광야에서 40일 간 금식하시며 머무셨습니다. 광야와 빈 들은 동일한 헬라어 단어 ἔρημος(에래모스)입니다. 이렇게 본다면, 사명자에게 "빈 들"은 필수적인 훈련의 장입니다. 사무엘이 보내진 실로의 하나님 성소도 마찬가지입니다. 모세도 두 번째 40년은 광야(빈 들)에서 보냈습니다. 출애굽 한 이스라엘 백성도 광야에서 사십 년을 보냈습니다. 빈 들은 단절과 외로움 속에서 순결한 하나님의 사람으로, 그리고 하나님만을 의지하는 담대한 사람으로, 말씀의 사람으로 세워지는 곳, 훈련의 장소입니다. 빈 들의 훈련이 없이는 사명자로 설 수 없습니다. 빈 들에서 하나님의 시험에 통과되지 않고는, 빈 들에서 하나님의 말씀을 채우지 않고는 사명자로 설 수 없습니다. 사가랴와 엘리사벳은 요한을 빈 들로 보냈고, 요한은 빈 들에서 하나님의 말씀을 채워 비로소 "죄 사함을 받게 하는 회개의 세례", 자신의 "요한"의 사명을 감당할 수 있었습니다.

하나님의 사명자가 되기를 꿈꾸는 모든 성도는 빈 들에서 훈련받아야 합니다. 누가 뭐라 해도 그 훈련의 첫째는 하나님의 말씀을 채우는 것입니다. 성도의 빈 들은 어디입니까? 우리가 하나님의 일을 하며, 외롭고 그립다면 그 곳이 바로 우리의 빈 들이 될 것입니다. 그 외로움과 그리움을 벗어나려고 하지 마십시오. 그 외로움과 그리움으로 사명의 자리를 지키는 것이 빈 들이 될 것입니다. 외로움과 고독, 그리움을 피하거나 외면해서는 안 됩니다. 그것을 품고 맞서서 세상의 고독과 외로움을 넘어서서 하나님을 만나야 합니다. 하나님의 말씀과 만나야 하고, 하나님만 의지하는 신앙의 성숙에 이르러야 합니다. 이것이 바로 빈 들의 유익이며, 목적입니다.

성도는 어디에서 하나님의 말씀을 채울 수 있으며, 어디에서 하나님의 말씀 위에, 하나님의 말씀 안에 세워질 수 있습니까? 외롭고, 그립지만 오늘 나의 빈 들을 찾아야 합니다. 그곳에서 하나님의 사람으로, 예수 그리스도의 장성한 분량이 충만한 데까지 이르도록 훈련받아야 할 것입니다. 이러한 빈 들로 누가 나를 이끌어 주지 않습니다.

누가 나를 이끌어 줄 것이란 나태한 속임수를 분별해야 합니다. 내가 들어가야 합니다. 물론 스스로 빈 들로 들어가고 싶어 하는 사람이 얼마나 있겠습니까? 말로는 하나님께 쓰임받기 위해 준비되고 싶다고 하지만, 정작 그 훈련의 시간이 다가오면 피하기 일쑤일 것입니다. 사람이란 이런 존재라는 것을 인식하고, 이런 마음조차도 넘어서서 빈 들로 찾아 들어가야 합니다. 들어가기를 꺼려할 것이기에 더욱 들어가려고 노력하고 애써야 합니다. 하나님의 말씀과 교회, 하나님께서 주신 사명과 직분, 내 신앙의 자리와 삶의 자리, 이 모든 빈 들로 기꺼이 들어가야 할 것입니다.

'빈 들에 있으리라!'

이 고백과 실천이 우리를 훈련시켜 요한과 같은 사명자로 세워줄 것입니다.

죄 사함을 받게 하는 회개의 세례

"디베료 황제가 통치한 지 열다섯 해 곧 본디오 빌라도가 유대의 총독으로, 헤롯이 갈릴리의 분봉 왕으로, 그 동생 빌립이 이두래와 드라고닛 지방의 분봉 왕으로, 루사니아가 아빌레네의 분봉 왕으로, 안나스와 가야바가 대제사장으로 있을 때에 하나님의 말씀이 빈 들에서 사가랴의 아들 요한에게 임한지라 요한이 요단 강 부근 각처에 와서 죄 사함을 받게 하는 회개의 세례를 전파하니"(누가복음 3장 1~3절)

누가복음 3장 2절, "하나님의 말씀이 빈 들에서 사가랴의 아들 요한에게" 임했습니다. 하나님께서 "요한"이라는 이름 안에 그의 사명, 역할을 정해 주셨고, 이제 사명의 시작을 허락하셨습니다. 그래서 요한은 곧바로 3절에서 하나님께서 주신 사명, "죄 사함을 받게 하는 회개의 세례를 전파"합니다. 하나님께서 요한에게 말씀으로 임하셔서 그의 사역을 시작케 하신 때는 언제일까요? 본문을 통해 요한이 사명을 시작하는 때를 정치적인 배경과 종교적인 배경으로 나누어 살펴볼 수 있습니다. 1절, 정치적인 배경입니다. 로마가 유대를 통치하고 있을 때, 빌라도가 유대의 총독으로 있을 때며, 헤롯 가문이 분봉 왕으로 통치하고 있을 때입니다. 예수님을 십자가에 못 박을 빌라도가 유대의 총독으로 있습니다. 정치적으로 암담한 상황입니다.

그러나 종교적인 상황은 이보다 훨씬 더 암울합니다. 2절, “안나스와 가야바가 대제사장으로 있을 때에.” 안나스와 가야바는 누구입니까? 요한복음 18장 13절, “(예수님을 체포한 후) 먼저 안나스에게로 끌고 가니 안나스는 그 해의 대제사장인 가야바의 장인이더라.” 안나스와 가야바는 장인과 사위로 모두 대제사장입니다. 그리고 예수님을 십자가에 달기 위해 기회를 엿보고, 어떻게 죽일까를 꾀했던 자들입니다(눅 19:47). 마가복음 3장 6절을 보면, 바리새인들과 헤롯당이 “어떻게 하여 예수를 죽일까 의논”했다고 말씀합니다. 분명 대제사장들도 이런 모습이었습니다. 주님의 사역 초기부터 주님을 죽이고자 꾀했던 자들이 바로 안나스와 가야바입니다.

그런 자들이 유대교의 최고 지도자인 대제사장, 하나님께 드리는 모든 신앙을 이끌고, 책임지는 자리에 앉아 있을 때, 하나님께서 요한에게 말씀으로 임하셔서 그가 사역하도록 허락하셨습니다. 안나스와 가야바가 이스라엘을 온전한 신앙으로 이끌지 못했던 시대기에 회개의 세례를 증거하는 요한이 꼭 필요한 시대였습니다. 구약에서도 이스라엘의 신앙이 무너졌을 때마다 하나님께서는 선지자를 세우셨습니다. 요한도 하나님께서 세운 선지자입니다. 신앙이라는 이름과 모습은 있지만, 신앙의 기초가 무너진 당시의 종교였습니다. 종교지도자들 역시 하나님을 경배한다고 했지만, 입술만일 뿐, 마음은 떠난 그런 지도자들이었습니다. 이런 자들에게서 신앙의 인도를 받는 백성들의 신앙이 어떠했을지 상상이 됩니다. 그래서 예수님께서 이들을 종교지도자로 섬기고 있는 이스라엘 백성들, 당시 성도들을 “수고하고 무거운 짐 진 자들”(마 11:28), ‘쉼(평안과 안식)이 없는 자들’이라고 안타까워하셨습니다.

기초가 무너진, 화려하지만 속으로는 회칠한 무덤 속과 같은 외식의 시대, 탐욕과 방탕, 불법이 가득한 시대에(마 23:25~28) 요한을 부르셨습니다. 하나님께서는 먼저 요한에게 "하나님의 말씀"으로 임하셨습니다. 하나님의 말씀을 받아야, 하나님의 뜻을 발견해야 사역할 수 있습니다. 물론 사역을 하면서 하나님의 말씀을 받고, 하나님의 뜻을 발견할 수도 있습니다. 두 경우 모두의 공통점은 사역자는 하나님의 말씀을 받고, 하나님의 뜻 안에서 행해야 한다는 것입니다. 목회자와 평신도 지도자, 그리고 모든 성도들 역시 하나님의 말씀을 받고, 하나님의 뜻을 발견해야 합니다. 먼저는 자신을 위해서, 또한 이웃과 교회를 위해서입니다.

하나님께서 요한에게 허락하신 사역은 천사를 통해 주신 말씀과 요한에게 주신 "요한"이란 이름에서, 그리고 사가랴의 예언을 통해 일관되게 보이듯이 "죄 사함을 받게 하는 회개의 세례"입니다. 이 사역만이 신앙이란 이름으로 탐욕과 방탕, 불법을 자행하던 이들에 의해 무너진 신앙의 기초를 회복할 수 있는 길입니다. 하나님께서는 누가복음 1장 15~17절에서 이스라엘 백성이 하나님께 돌아오기를 바라고 계십니다. 1장 77절에서는 하나님의 백성이 죄 사함으로 말미암는 구원의 백성이 되기를 원하십니다. 우리는 이 구절들에서 이스라엘을 구원의 백성, 하나님의 자녀로 회복시키기를 원하시는 하나님의 크신 사랑을 발견할 수 있습니다.

신앙에도 과정이 있다고 했습니다. 성도가 구원의 백성이 되는 단계도 있습니다. 구원의 단계는 회개로 시작합니다. 요한은 세례를 통해 회개를 촉구합니다. 회개는 죄 사함의 은혜를 선물하고 죄 사함은 하나님과의 관계를 회복시키고, 하나님과의 관계 회복은 구속-대속의 은혜를 얻게 합니다. 이 단계는 회개-죄 사함-하나님과의 관계 회복(화평)-구속, 대속의 은혜(구원)입니다.

'세례'는 헬라어로 βάπτισμα(밥티스마)입니다. 기본형 동사 βάπτω(밥토)는 '담그다', '씻다'를 의미하고 또 하나의 기본형 동사 βάπτίζω(밥티조)는 제의적인 용어로써 '세례-침례주다'를 의미합니다. 세례는 담그고 씻는 것으로서 '죽음(담그다)과 정결(씻다)'을 의미합니다. 그러므로 세례는 당시 무너진 신앙의 기초, 기성 종교-유대교에의 죽음(단절)을 의미하고, 그것으로부터의 정결(회복)을 의미합니다. 세례를 통해 하나님의 구원과 회복의 사역을 감당했던 요한에게 있어 세례는 또 하나의 의미를 가지고 있습니다. 요한은 세례를 통해 메시아 공동체를 구성하고 결속시켰습니다. 요한이 회개의 세례를 통해 많은 공동체(지지자)를 얻게 되었다는 것은 "모든 백성과 세리들은 이미 요한의 세례를 받은지라 이 말씀을 받고 하나님을 의롭다 하되"(눅 7:29) 말씀을 통해 볼 수 있습니다. 이들 가운데 어떤 이들은 요한의 제자가 되었습니다.

이들은 분명 자신이 요한의 추종자, 요한의 제자라고 생각했을 것입니다. 그러나 '요한의 지지자', '요한의 제자'라는 표현은 요한에게는 적절하지 않습니다. 요한은 그들을 자신의 지지자와 제자라고 생각해 본 적이 없기 때문입니다. 오히려 요한은 자신도 그 공동체의 한 구성원이라고 생각했습니다. 요한의 이러한 모습은 그의 고백과 그의 행동을 통해 살펴볼 수 있습니다. 이 부분에 대해서는 다음 장 〈그는 흥하여야 하겠고 나는 쇠하여야 하리라!〉에서 살펴보겠습니다.

요한의 세례는 언제나 회개를 수반하는, 회개를 촉구하는 세례입니다. 회개를 표현하는 μετάνοια(메타노이아, 회개, 동사, μετανοέω–메타노에오)는 '~와 함께', '~뒤에'를 의미하여 '바꾸다'는 의미까지 내포하게 된 헬라어 전치사 μετά(메타)와 '마음'을 의미하는 νοῦς(누스)의 합성어로서, '마음을 바꾸다', '의식을 바꾸다', '보는 법을 바꾸다', '지금까지 걷던 길–방식, 방법을 바꾸다'는 의미를 가지고 있습니다. 곧 지금까지 걷던 죄의 길로부터 돌이키는 것을 회개라고 합니다. 회개란 돌이키는 것입니다. 죄로부터 돌이키는 것입니다. 죄 ἁμαρτία(하마르티아)는 '빗나간 것', 곧 하나님께로부터 벗어난 것을 의미합니다. 하나님께로부터 벗어난 길, 생각, 행농, 삶의 방식이 죄입니다. 이러한 죄, 하나님께로부터 벗어난 것을 돌이키는 것이 회개입니다.

그러므로 회개란 하나님께로 돌이키는 것입니다. 세상으로부터, 세상 죄로부터, 세상의 방식과 길로부터 떠나 하나님 안으로, 예수 그리스도 안으로 들어오는 것, 이사하는 것이 회개입니다. 진정한 회개는 그 자체, 그 출발이 이미 하나님과의 관계 회복입니다. 하나님 안으로 들어가는 회개, 하나님과의 관계 회복의 결과로 성도는 죄 사함을 얻을 수 있습니다. "죄 사함"(눅 3:3)은 원문으로 εἰς ἄφεσιν ἁμαρτιῶν(에이스 아페신 하마르티온)이라고 기록되었습니다. ἁμαρτιῶν(하마르티온, 복수) '죄들의', ἄφεσιν(아페신) '사함', εἰς(에이스) '안으로', 회개가 성도를 '죄들의 사함–죄 사함 안으로' 인도한다는 것입니다. 죄 사함을 얻게 한다는 것입니다. '사하다'를 표현하는 ἄφεσιν(아페신, 기본형, ἀφίημι–아피애미)은 '면제하다', '해제하다', '용서하다'를 의미합니다. 회개의 세례는 죄 사함을 선물하는데, 죄 사함이란 하나님께서 우리의 죄를 면제,

용서해 주시는 것입니다. 하나님, 예수 그리스도 안으로 이사 가는 진정한 회개는 죄 사함, 곧 하나님의 용서를 얻게 합니다.

회개가 주는 또 하나의 능력이 있습니다. 예수님께서는 "세례 요한의 때부터 지금까지 천국은 침노를 당하나니 침노하는 자는 빼앗느니라"(마 11:12)고 말씀하셨습니다. 천국은 침노하는 자의 것, 침노하는 자가 천국 백성이 된다고 말씀합니다. '천국'과 '침노'를 연결하고 있습니다. 천국을 얻는 통로를 '침노'라고 말씀합니다. 그렇다면, 천국을 얻는 통로인 침노는 무엇일까요? '강제로 힘써서 안으로 들어가는 것'을 침노라고 합니다. 죄인이 천국 안으로 들어갈 수 있도록 해 주는 구체적인 것은 무엇일까요? 예수님과 요한의 공통된 메시지 가운데 "회개하라 천국이 가까이 왔느니라"는 말씀이 있습니다(예수님-마 4:17, 요한-마 3:1~2). 천국을 소유할 수 있는 통로가 회개라는 것입니다. 천국과 침노의 관계, 천국과 회개의 관계를 연결해 보면, 천국을 침노하는 통로는 "회개"라는 것을 알 수 있습니다. 회개는 하나님 안으로 돌이키는 것, 하나님 안으로, 하나님의 나라, 곧 천국 안으로 들어가는 것, 천국을 침노하게 해 주는 것입니다.

회개를 통해 천국을 소유하고, 죄 사함을 얻게 됩니다. 죄 사함은 죄인 된 우리에게 있어 더없는 영광이며 소망입니다. 이러하기에 어떤 못된 자는 죄 사함을 달콤한 유혹의 사탕으로 악용하기도 합니다. 죄 사함은 누구의 말처럼, 사람이 주고 말고 하는 것이 아닙니다. 주고 말고 할 수도 없습니다. 죄 사함의 은혜는 오직 온전한 회개를 이룬 성도에게 하나님께서 허락하시는 선물, 값없이 주시는 은혜입니다. 어느 누가 '죄 사함을 받으라'고 해서 받을 수 있는 것은 아닙니다.

하나님께서 주셔야만 받을 수 있습니다. 예수 그리스도께서 죄를 사해 주셔야만 받을 수 있습니다. 하나님의 뜻에 합당한 회개, 온전한 회개를 드려 하나님께서 약속해 주신, 값없이 베풀어 주시는 은혜의 선물을 받아야 할 것입니다.

온전한 회개로 얻게 되는 천국과 죄 사함은 하나님과의 관계 회복이며, 예수 그리스도의 구속-대속의 은혜입니다. 먼저 하나님과의 관계 회복입니다. 에베소서 2장 14절은 하나님과의 관계 회복을 '중간에 막힌 담이 헐어진 것'이라고 말씀합니다. 하나님과 하나님의 백성의 사이를 막은 담, 그것은 죄입니다. 예수 그리스도께서 온전한 회개를 드린 성도에게 이 죄의 담을 걷어 주십니다. 하나님과의 관계를 회복시켜 줍니다. 이렇게 하나님과 관계 회복 된 상태를 "화평", εἰρήνη(에이래내)라고 합니다. "화평"이란 하나님과의 관계를 의미합니다. 그러나 우리는 "화평"을 사람들 사이, 세상 사이에서의 개념으로 건너뛰어 생각합니다. 그래서 화평을 추구하지만 화평을 얻을 수 없었던 것입니다.

대표적인 말씀은 마태복음 5장 9절입니다. "화평하게 하는 자는 복이 있나니 그들이 하나님의 아들이라 일컬음을 받을 것임이요." 많은 사람들이 마태복음의 이 말씀을 peacemaker 개념으로 생각합니다. 그래서 세상과 사람들에게 평화를 가져다주는 자가 "화평하게 하는 자"라고 합니다 그러나 본문이 말씀하는 "화평"이란 하나님과 사람, 하나님과 세상 간의 화평을 말씀하는 것입니다. 하나님과 세상, 하나님과 사람 사이에 화평을 만드는 자가 "화평하게 하는 자"입니다. 요한은 회개의 세례를 통해 하나님과 하나님의 백성 간에 화평을 만들고

자 했던, 만들었던 하나님의 아들입니다. 하나님과 화평해야 사람 사이에, 세상에 평화가 깃들 수 있습니다. 이 단계를 무시하고 건너뛰어 세상 속, 사람들 속에서의 peacemaker만 추구하는 것은 헛수고에 지나지 않을 것입니다.

하나님과의 관계 회복, 화평은 예수 그리스도께서 주시는 구속-대속의 은혜입니다. 구속-대속은 ἀπολύτρωσις(아폴뤼트로시스)입니다. ἀπό(아포)는 '~로부터'의 뜻을 가지고 있기에 '분리, 단절'을 의미합니다. λύτρωσις(뤼트로시스)는 '풀다', '파괴하다'를 의미하는 λύω(뤼오)에서 파생했습니다. 그러므로 ἀπολύτρωσις(아폴뤼트로시스)는 죄, 죄의 권세의 속박으로부터 풀려나는 것, 분리되는 것을 의미합니다. 이러한 해방, 자유가 예수 그리스도께서 주시는 구속-대속의 은혜입니다. 물론 이런 구속-대속의 은혜를 값없이 선물해 주시기 위해 주님께서 십자가를 지셔야 했습니다. 십자가라는 몸값, 속전이 있었기에 구속의 은혜를 얻게 된 것입니다. 값은 예수 그리스도께서 치러 주시고, 우리는 단지 회개함으로써 이 은혜를 값없이 누리게 된 것입니다.

ἀπολύτρωσις(아폴뤼트로시스)는 성경 이외의 헬라어에서는 '몸값', '속전'의 의미로 사용되지만, 신약성경에서는 '구속', '대속'의 의미를 가집니다. 이러한 두 가지 의미는 예수 그리스도의 십자가에서 하나로 결합되어 완성되었습니다. 예수 그리스도께서 십자가에서 흘리신 보혈과 생명은 우리를 위한 예수 그리스도의 속전, 몸값입니다. 또한 이 몸값과 속전으로 인해 모든 사람은 그리스도의 대속, 구속의 은혜를 입게 되었습니다.

하나님의 구원의 역사는 성도의 회개로부터 시작됩니다. 우리의 모든 삶, 방식, 습관을 돌이켜 하나님 안으로 들어갈 때, 하나님의 길을 걸을 때, 하나님의 계명의 길을 따를 때 '아직'일 수 있지만, 우리는 '이미' 하나님의 구원의 길을 걷는 것입니다. 요한이 한 사람 한 사람, 각 개인에게 세례를 베풀었듯이 이 구원의 길은 개개인이 걸어야 할 길입니다. 모든 성도는 하나님 앞에 단독자로 서고, 걸어야 합니다. 신앙은 하나님과 나, 둘(한 분과 한 사람)의 관계입니다. 회개, 죄 사함, 화평, 구속도 하나님과 나와의 관계입니다. 그래서 신앙을 하나님과의 약속, 언약에서 출발한다고 합니다. 언약이란 διαθήκη(디아쌔캐)입니다. διά(디아)는 '둘(δύο-뒤오)'을 의미하고 θηκη(쌔캐)는 τίθημι(티쌔미), '놓다'를 의미합니다. διαθήκη(디아쌔캐)는 하나님께서 아브라함과 맺은 언약입니다. 그리고 그 모양 그대로 오늘 우리와도 맺어주신 약속입니다. 이 약속을 지키는 것이 신앙이고, 회개며, 죄 사함과 화평, 구속과 구원의 은혜를 얻는 통로입니다.

하나님 앞에 온전한 언약의 사람으로 서야 합니다. 목회자는 성도를 하나님의 언약의 백성으로, 실존적 단독자로 세워야 할 사명을 가지고 있습니다. 성도된 우리는 먼저 자신이, 그리고 이웃을 하나님 앞에 언약의 백성으로 세워야 할 의무를 지니고 있습니다. 바로 이것이 요한의 세례가 지향한 사명입니다. 오늘 우리가 달려갈 푯대(σκοπός-스코포스, 군사용어)입니다. 푯대란 절대 놓쳐서는 안 되는 표적(標的, 빌 3:14)을 의미합니다. 그 어떤 유혹과 시련, 안정과 욕심에도 불구하고 절대로 놓쳐서는 안 될 우리 신앙의 목적, 방향, 푯대입니다.

그는 흥하여야 하겠고 나는 쇠하여야 하리라!

요한, 예수 그리스도의 청지기, 무익한 종

> "그는 흥하여야 하겠고 나는 쇠하여야 하리라"(요한복음 3장 30절)

'청지기'란 말은 **οἰκονόμος**(오이코노모스)입니다. '집'을 의미하는 **οἶκος**(오이코스)와 '법', '계명'을 의미하며, 이로부터 '규칙이나 질서에 따르다'는 의미로 확장되는 **νόμος**(노모스)의 합성어입니다. 그러므로 이 표현의 의미는 '(하나님의) 법, 규칙, 질서에 따라 집을 다스리는 자'라고 할 수 있습니다. 이런 사람을 청지기라고 합니다. 예수님께서 누가복음 17장 7~10절을 통해 무익한 종에 대해서 말씀하십니다. 그는 자신의 모든 수고와 노력, 공로에도 불구하고 여전히 자신의 신분, 종의 신분을 지키며, 자신의 공로를 드러내지 않습니다. 우리의 신앙과 목회가 이런 모습이 되기 위해서 본받아야 할 사람이 바로 요한입니다. 요한은 하나님의 청지기, 예수 그리스도의 무익한 종이었습니다. 청지기는 무익한 종의 자세를 잃지도 잊지도 않습니다.

요한의 청지기, 무익한 종으로서의 모습은 그의 행동과 고백을 통해 살펴볼 수 있습니다. 예수님을 만나기 전, 요한은 예수님에 대해 이렇게 고백합니다. 자신은 물로 세례를 베풀지만, 자신의 뒤에 오시는 이는 성령과 불로써 세례를 베푼다고 고백합니다(마 3:11, 막

1:8). 그분의 신을 들기도, 신발 끈을 풀기도 감당할 수 없을 정도로(마 3:11, 막 1:7, 요 1:27) 그분은 자신보다 능력이 많으신 분, 자신의 주인이라고 고백합니다(마 3:11). 당시에 노예는 주인의 신발 끈을 풀기도 하고, 묶어 주기도 하며 주인의 신발을 관리했습니다. 요한은 자신이 예수님의 신발 끈을 푸는 일조차도 감당할 수 없는 자, 예수님의 종, 노예보다도 못한 자라고 고백했습니다. 이러한 맥락에서 요한은 사람들이 자신을 그리스도로 인정하고 있지만, 그는 단호하게 "나는 그리스도가 아니라"고 선언합니다(요 1:20). 요한은 자신은 "나는 선지자 이사야의 말과 같이 주의 길을 곧게 하라고 광야에서 외치는 자의 소리로라"(요 1:23)고 한계를 그었습니다.

눈 한 번 질끈 감고 '그래, 내가 그리스도다!'라고 한 마디만 하면, 그 나머지는 백성들이 다 알아서 했을 텐데, 자신을 그리스도로 알고 그렇게 대접했을 텐데 그는 자신이 그리스도가 아니라고 분명히 선을 그었습니다. 이러한 사람이었기에 요한은 자신에게 세례를 받으러 오신 예수님께 세례 베풀기를 거절했습니다. "요한이 말려 이르되 내가 당신에게서 세례를 받아야 할 터인데 당신이 내게로 오시나이까."(마 3:14) 그러나 "이제 허락하라 우리가 이와 같이 하여 모든 의를 이루는 것 합당하니라"(마 3:15)는 예수님의 말씀을 듣고 예수님께 순종하며 세례를 베풉니다. 오래 전 예언의 말씀, 그 예언을 통해 이루시기를 원하셨던 하나님의 계획을 성취하기 위해 요한은 감히 세례를 베풀 수 없었던 예수님께 세례를 베풀고, 예수님께서는 사람 요한에게 세례를 받으십니다. 하나님의 뜻을 이루고 성취하기 위해 모든 것, 고집과 신념조차도 내려놓을 수 있어야 합니다.

또한 요한은 자신의 제자들을 예수님께 보냅니다. "예수께서 거니심을 보고 (요한이) 말하되 보라 하나님의 어린 양이로다 두 제자가 그의(요한의) 말을 듣고 예수를 따르거늘."(요 1:37) 요한의 두 제자가 스승 요한을 버리고 예수님을 따라간 것일까요? 요한이 두 제자를 예수님께 보낸 것입니다. 그의 제자들은 분명 요한을 자신들의 스승이라고 생각했을 것입니다. 그러나 요한은 다릅니다. 요한은 자신이 그들의 스승이라고 생각하지 않았습니다. 자신의 제자들을 미련 없이 예수 그리스도께 보냈다는 것은 예수 그리스도께서 그들을 사용하시라고 내어 드린 것입니다. 결국 요한은 자신을 위해서 제자를 훈련시켜 세운 것이 아니라, 예수 그리스도께 내어 드리기 위해 세웠습니다. 예수님을 위해 준비한 제자들이니, 이제 예수님께 내어 드려 그분이 쓰시도록 하는 것이 요한에게는 당연한 것이었습니다. 아깝고 손해보는 것이 아니라, 기쁘고 영광된 일입니다. 주님께 내어 드림으로 얻는 기쁨과 영광이 받음으로(받으려 함으로) 얻는 것과는 비교가 되지 않는다는 것을 깨달아야 합니다. 그래야 비로소 나를 버리고 주님의 십자가를 지고 기쁘게 따라갈 수 있습니다.

제자들 뿐만 아니라, 요한을 선지자로 여기고 따르는 많은 공동체도 마찬가지입니다. 제자들까지도 아낌없이 예수님께 내어 드린 요한은 분명 자신을 선지자로 알고 따르는 공동체까지도 예수님께 내어 드렸을 것입니다. 요한은 이러한 마음으로 주변의 무리들(추종자들)에게 예수님을 소개합니다. "이튿날 요한이 예수께서 자기에게 나아오심을 보고 이르되 보라 세상 죄를 지고 가는 하나님의 어린 양이로다 내가 전에 말하기를 내 뒤에 오는 사람이 있는데 나보다 앞선 것은 그가 나보다 먼저 계심이라 한 것이 이 사람을 가리킴이라…내가 보고 그가 하나님의 아들이심을 증언하였노라."(요 1:29~34) 무리들에게 예수님께서 메시아이심을 공개적으로 선포하며, 자신을 따르던 무리들을 그대로 예수님께 넘겨 드리는 요한의 모습을 볼 수 있습니다.

요한에게는 백성들도 자신이 아니라, 예수님의 무리, 예수님의 제자들이기 때문입니다. 요한의 사명은 "그를(예수 그리스도를) 이스라엘에 나타내는 것"입니다(요 1:37). 예수님을 이스라엘에 나타내고, 그분이 사역하실 수 있도록 여러 가지-제자와 공동체를 지원해 드리는 요한의 모습을 볼 수 있습니다. 요한은 예언의 말씀대로 자신이 "광야에서 외치는 자의 소리", 곧 "주의 길을 준비하는 자"(마 3:3)임을 잘 알고 있습니다. 이런 의미에 있어서 요한은 메시아 공동체와 그의 제자들의 스승이 아니라, 오히려 자신도 그 공동체에서 그리스도를 기다리는 한 구성원, 예수 그리스도의 길을 준비하고 예비하는 영광의 사명을 감당하는 한 구성원이라고 생각했습니다.

이런 과정에서 요한은 예수님께 반감을 갖는 제자들을 설득합니다. "그들이(요한의 제자들이) 요한에게 가서 이르되 랍비여 선생님과 함께 요단 강 저편에 있던 이 곧 선생님이 증언하시던 이가 세례를 베풀매 사람이 다 그에게로 가더이다."(요 3:26) 예수님으로 인하여 자신들의 공동체가 겪게 된 위기에 대해 요한의 제자들이 불평을 털어놓습니다. 스승인 요한에게 이 상황을 어떻게 좀 해 보라는 요구였습니다. 그러자 요한은 "내가 말한 바 나는 그리스도가 아니요 그의 앞에 보내심을 받은 자라고 한 것을 증언할 자는 너희니라"(요 3:28)라며 오히려 제자들에게 '너희도 예수 그리스도를 증언해야 한다.'고 가르칩니다.

자신의 제자들이 떠나고, 지지자-추종자들이 떠나는, 자신의 인기와 명예가 사라져가는 상황 속에서 요한은 서운함의 마음보다는 그것이 자기의 것이 아니기에 상관하지 않았고, 오히려 더욱 그렇게 되도록 설득했습니다.

예수 그리스도께 자신의 제자들, 자신의 지지자들까지 모두 내어드리는 요한의 모습을 통해 우리는 요한이 분별력 있고, 실천력 있는 선지자였음을 발견할 수 있습니다. 요한의 아버지 사가랴가 그랬습니다. 요한을 간구하고, 요한을 "요한"으로 키우고 준비시킨 것은 그의 분별력과 담대함(실천력) 때문이었다고 했습니다. 아버지를 본받아 요한도 분별력과 실천력(담대함)을 소유한 선지자로 세워졌습니다. 요한은 아버지 사가랴가 보낸 "빈 들"에서 하나님의 말씀을 통해 분별력을, 빈 들-광야의 외로움과 고독 속에서 하나님만을 의지하면서 담대함을 키웠습니다. 자녀에게, 제자들에게 분별력과 담대함을 물려주는 것보다 더 큰 유산은 없습니다.

요한은 자신들의 몰락이 예수 그리스도의 출현에 기인한 것이라고 믿는 제자들을 설득함과 동시에 어쩔 수 없이 인간의 모습을 지닌 자신도 설득해야만 했을 것입니다. 자신의 사명이 모든 것을 준비하고는 그 모든 것을 그대로 다 예수 그리스도께 넘겨 드리는 것이라는 것을 알고 있지만, 이런 일들이 진행되고, 자신이 위축되는 것을 직접 겪으면서 인간 요한도 분명 심란하고 허전했을 것입니다. 이럴 때마다 제자들을 설득했듯 자신도 설득했을 것입니다. '나는 그리스도가 아니다.' '나는 예수 그리스도를 준비하는 자다.' '나는 예수 그리스도를 이스라엘에 나타내고 사라져야 할 자다.' '그러니 내가 준비한 모든 것, 제자들과 지지자들 그리고 그동안 과분하게 누리고 있던 인기와 명예도 모두 예수 그리스도께 넘겨 드리는 것은 당연하다.' '이 마음을 잃지 말자. 이 마음 잃으면 끝이다.' 요한은 이렇게 자신을 설득했을 것입니다.

요한은 자신을 훌륭하게 설득했습니다. 그래서 요한은 충만한 기쁨을 소유할 수 있었습니다. 그 기쁨이란 것은 남들이 보면, '너 미쳤니?'라고 할 만한 것이었지만 말입니다. "신부를 취하는 자는 신랑이나 서서 신랑의 음성을 듣는 친구가 크게 기뻐하나니 나는 이러한 기쁨으로 충만하였노라."(요 3:29) 요한은 자신이 신랑이 아니라는 것을 잘 알고 있기에, 그는 신랑의 기쁨을 구하거나 바라지도 않았습니다. 신랑이 아닌데 신랑이 누릴 기쁨을 구하는 것은 비극입니다. 그리스도가 아닌 요한은 그리스도의 사명, 그리스도의 기쁨이 아니라, 그리스도의 준비자, 예비자, "신랑의 친구"로서의 기쁨만으로도 더없이 만족하고 충만한 행복을 누렸습니다. 자신의 자리, 자신의 위치를 분별하는 것이 중요합니다. "신랑의 친구"로서 마지막까지 분수와 자리를 지킨 요한이었기에 그 비워냄, 내려놓음 가운데서도 미치지 않고, 오히려 충만한 기쁨으로 행복할 수 있었던 것입니다.

요한은 기쁨과 감격을 회복했습니다. 그리고 이 기쁨과 감격으로 세상의 사명자 중에서 가장 위대한 고백을 올립니다. "그는 흥하여야 하겠고 나는 쇠하여야 하리라."(요 3:30) 자신의 쇠함, 자신의 비워짐, 내려감까지도 감격하며, 그 안에서 참 기쁨과 행복을 발견할 수 있는 사람이 얼마나 있을까요? 그러나 신앙은 이런 것입니다. 그래서 신앙은 모순입니다. 아니, 신앙이 모순이 아니면 그것은 신앙이 아니라 세상입니다. 무엇을 받을 때보다, 내 것을 주님을 위해, 내 모든 것을 예수 그리스도를 위해, 복음과 하나님의 나라를 위해 드릴 때, 그리고 그것이 하나님께 값지게 사용될 때 이것보다 더 기쁜 것은 없어야 합니다. 아직 덜 성숙한 성도가 달라고 하는 것이지, 성숙한 성도, 성숙한 사명자는 '내 것, 내 모든 것을 가져다 써 주시옵소서.'라고 간청합니다. 예수 그리스도께 모든 것을 내어 드림으로 쇠퇴하는 자신을 기쁨으로 여길 수 있어야 합니다. 예수 그리스도를 통해 부하기만을 바라는 것은 아직 어린 신앙입니다.

요한은 자신의 지지자들에게 예수님이 그리스도라고 선포했습니다. 제자들을 설득했고, 자신도 설득했습니다. 그러나 나무는 가만히 있으려 해도 바람이 나무를 가만 두지 않듯, 요한의 사라짐이 불이익이 되는 사람들(제자들과 군중)이 있습니다. 그들은 요한이 순순히 쇠하도록 가만두지 않았습니다. 그들은 바람이 되어 요한을 흔들었습니다. 그래서 요한은 모든 것을 예수 그리스도께 넘겨 드린 이 시점이 자신이 사라져야 할 시간임을 직감했습니다. 아마도 요한은 자신이 어떻게 사라져야 할지를 고민했을 것입니다. 더 미루었다가는 자신이 지금까지 준비한 사역이 왜곡될 수 있으며, 이로 인해 예수 그리스도께 누가 될 수 있다는 것을 잘 알았습니다. 고민하던 요한은 좋은 해결책을 찾았습니다. 사라질 수 있는 좋은 길을 찾았습니다.

요한이 헤롯을 책망합니다. 요한은 그가 자신의 동생 빌립의 아내 헤로디아에게 장가 든 것이 옳지 않다고 책망합니다. 헤롯은 "이 여자(헤로디아)를 위하여 사람을 보내어 요한을 잡아 옥에" 가두었습니다(막 6:17). 바리새인들과 사두개인들을 향하여 "독사의 자식들아"(마

3:7)라고 담대하게 외치는 요한이 헤롯에게는 침묵했을 리 없습니다. 결국 이 일로 요한은 감옥에 갇히게 됩니다. 사람들은 결국에 가서는 참수 당하는 요한이 너무나 불쌍하다고 생각할 것입니다. 그러나 요한은 헤롯에게 잡혀 감옥에 갇힌 것이 아니라, 자신의 고백과 같이 쇠하기 위해 감옥 안으로 들어간 것입니다. 권력자의 잘못을 꼬집을 때, 그가 어떠한 반응을 보일지 모르는 사람은 없습니다. 요한은 헤롯이 자신을 죽일 수도 있고, 최소한 감옥에 가둘 것임을 잘 알았습니다. 그런 요한이 헤롯을 향해 예언했습니다. 그것은 요한이 예수님께 자리를 내어 드리기 위하여 스스로 쇠하려고-사라지려고 선택한 계산입니다.

요한의 이러한 의도가 이루어지는 것을 보여주는 말씀이 있습니다. "이 때부터 예수께서 비로소 전파하여 이르시되 회개하라 천국이 가까이 왔느니라 하시더라."(마 4:17) 예수님께서 드디어 사역을 시작하셨습니다. 그때는 "이 때부터"입니다. "이 때부터"란 12절, "예수께서 요한이 잡혔음을 들으신 때"입니다(마 4:12). 사람들은 마태복음 4장 12절 말씀만 보고, '예수님을 그리스도라고 증언하고, 자신의 모든 것을 예수님께 넘긴 요한이 잡혔는데, 예수님께서는 이 소식을 들으셨으면서도 요한에게 달려가시지는 못하실망정 물러가실 수, 피하여 도망가실 수 있으실까?'라는 의문을 가집니다. 그러나 앞서 스스로 사라진 요한의 의도에서 예수님의 물러나심과 비로소 사역하심을 바라본다면, 요한이 사라진은 예수님의 사역의 시작을 이어주는 다리였음을 발견할 수 있습니다.

요한은 감옥으로 사라졌습니다. 그러나 끝난 것은 아닙니다. 감옥 안에 갇힌 요한이었지만, 그곳까지 바람이 들어와 요한을 흔듭니다. 누가복음 7장 18절, “요한의 제자들이 이 모든 일을 그에게(요한에게-감옥에 갇힌) 알리니”를 보면 요한은 감옥에 갇혔지만, 면회는 비교적 자유로웠던 것 같습니다. 요한을 면회 온 그의 제자들이 밖에서 일어나는 예수님의 일들을 전하며 요한에게 바람을 일으킵니다. 요한이 제자들을 예수님께 보내어 “오실 그이가 당신이오니이까 우리가 다른 이를 기다리오리이까 하라”(눅 7:19)고 묻는 것을 예수님에 대한 요한의 의심으로 보기도 하지만, 그렇지는 않습니다. 이것은 모든 것을 다 바쳐 섬기고 물러난 스승을 외면하는 예수님께 반감을 가진 제자들이 요한에게 전한 소식, 제자들의 마음이라고 보아야 합니다. 요한의 마음이 아닙니다.

자신이 준비하고 예비한 모든 것을 예수 그리스도께 온전히 넘겨드리기 위해 감옥을 선택한 요한은 이제 이보다 더 확실히 사라져야만 하는 요구에 직면했습니다. 감옥으로 들어가 사라지는 것보다 더 확실한 것이란 무엇일까요? 자신을 설득해 감옥까지 들어온 요한은 이제 또 자신을 설득해 이보다 더 확실하게 쇠하는 길을 결단해야만 했습니다. 아마도 요한은 감옥으로 걸어 들어올 때, 이곳에서 자신의 삶이 종착역을 맞을 수도 있다는 불길한(?) 예감을 가졌을 것입니다. 이제 요한은 확실하게 쇠하기 위해 죄인의 꼬리표를 달고 순교의 길을 택해야 한다고 자신을 또 설득해야 했습니다. 요한은 얼마든지 감옥에서 나올 수 있었지만, 나오지 않고 감옥을 지킨 것을 볼 때, 자신의 사역을 온전히 이루기 위해 마지막 결단을 선택한 것이라 생각됩니다. 이 부분에 대해서는 다음 장 〈오실 그이가 당신이오니이까 우리가 다른 이를 기다리오리이까?〉에서 이어가겠습니다.

요한은 세례를 통해 메시아 공동체를 모았습니다. 제자들을 모았습니다. 많은 사람들을 모았습니다. 이렇게 준비한 모든 것을 자신이 아니라, 예수 그리스도를 위해서 기꺼이 넘겨 드렸습니다. 자신이 준비하고 세운 것이지만, 이것을 사용하실 분은 예수님이셨기 때문입니다. 결국 요한은 하나님께서 자신에게 맡겨주신 것을 잘 관리하고, 훈련시켜 예수 그리스도께 돌려 드렸습니다. 요한은 청지기였습니다. 요한은 이렇게 많은 공로, 업적을 가지고 있지만, 어느 한 순간도 자신의 공로를 내세우지 않았습니다. 지나가는 말로라도 내세운 적이 없습니다. 오히려 기꺼이 감옥을 선택하고, 또 감옥에서 순교까지 선택한 것을 보면, 자신의 모든 공로를 공로나 업적이 아니라 당연한 일, "하여야 할 일을 한 것 뿐이라"(눅 17:10)고 여겼던 것이 분명합니다.

요한처럼 성도를 세워 예수 그리스도께 돌려 드리는 청지기와 같이 사명을 감당하기 위해 흘렸던 많은 땀과 눈물조차도 내세우거나 자랑하지 않고 조용히 사라지는 무익한 종이 되는 것이 우리의 소망입니다. 이런 종, 예수 그리스도의 성도가 되기 위해 요한과 같이 분별력과 결단력(담대함)의 사람이 되어야 할 것입니다. 그래서 하나님의 청지기, 예수 그리스도의 무익한 종이 되어 우리도 '하나님의 나라와 예수 그리스도의 복음은 흥하여야 하겠고 나는 이를 위해 썩어지는 한 알의 밀알과 같이 쇠하여야 하리라!'는 고백을 드리는, 이 행복한 고백을 실천하고 성취하는 하나님의 자녀 되기를 소원합니다. 이것이 우리의 삶이 다하는 그 순간까지 절대로 놓지 말고, 잊지 말아야 할 우리 사명의 방향이며, 우리 신앙의 푯대입니다. 요한은 이 길을 이루었습니다. 이제 저와 여러분, 우리 차례입니다.

오실 그이가 당신이오니이까 우리가 다른 이를 기다리오리이까?

"예수께 대한 이 소문이 온 유대와 사방에 두루 퍼지니라 요한의 제자들이 이 모든 일을 그에게 알리니 요한이 그 제자 중 둘을 불러 주께 보내어 이르되 오실 그이가 당신이오니이까 우리가 다른 이를 기다리오리이까 하라 하매 그들이 예수께 나아가 이르되 세례 요한이 우리를 보내어 당신께 여쭈어 보라고 하기를 오실 그이가 당신이오니이까 우리가 다른 이를 기다리오리이까 하더이다 하니"(누가복음 7장 17~20절)

누가복음 7장 19절, "오실 그이가 당신이오니이까 우리가 다른 이를 기다리오리이까" 구절 때문에 사람들이 요한을 의심하는 자, 믿음을 끝까지 지키지 못한 자라고 평가절하합니다. 요한이 감옥이라는 두렵고 무서운 자리에서 죽음을 기다리며 의지가 약해져 예수님을 의심하고 신앙을 지키지 못한 것이라고 합니다. 타의에 의해 강제로 감옥에 갇혔다면, 원망과 분노, 억울함이 섞여서 그렇게 될 수 있습니다. 그러나 요한은 헤롯에 의해 강제로 감옥에 갇힌 것이 아니라 스스로 들어간 것이기에 이야기는 달라져야 합니다.

요한이 동생의 아내를 취한 헤롯을 책망합니다. 이 일로 감옥에 갇히게 되고, 결국 그 감옥 안에서 죽음을 맞이하게 됩니다. 헤롯이 동생의 아내를 취한 것이 큰 잘못, 죄라는 것을 모르는 사람은 아무도 없습니다. 심지어는 그것이 죄임을 헤롯 자신도 잘 알고 있습니다. "헤롯이 요한을 의롭고 거룩한 사람으로 알고 두려워하여 보호하며 또 그의 말을 들을 때에 크게 번민을 하면서도 달갑게 들음이러라." (막 6:20) 헤로디아의 정치적 야망을 분별하지 못하고 동생의 아내와 결혼하는 죄를 저지른 헤롯은 "크게 번민"했고, 요한의 책망을 "달갑게" 들었습니다. 세상 모든 사람이 헤롯의 잘못된 결혼을 알고 있습니다. 그러나 그 누구도 헤롯의 결혼이 잘못되었다고 말하지 않습니다. 이러한 고발이 가져올 결과를 너무나 잘 알고 있기 때문입니다. 그 결과란 죽음, 아니면 최소한 투옥입니다.

세상 모든 사람이 아는 이러한 결과를 요한만 몰라서 헤롯을 책망하고, 뜻밖의 투옥을 당한 것일까요? 그렇지 않습니다. 오히려 분별력 있는 요한이 헤롯의 책망에 따라올 이러한 결과를 더 잘 알고 있었을 것입니다. 요한은 헤롯을 책망하는 것이 어떤 결과를 가져올지 너무나 잘 알고 있었습니다. 그런 요한이 헤롯을 책망했습니다. 이것은 헤롯을 책망하면서, 기꺼이 그 결과까지도 감수하겠다는 요한의 각오와 결단을 보여 주는 것입니다. 요한은 다른 모든 사람들과 같이 헤롯의 잘못을 알았지만, 그 결과가 두려워 침묵하지 않았습니다. 분별력만 아니라, 담대함도 지녔던 요한이기에 헤롯의 불의를 책망합니다. 그리고 그 결과를 스스로 선택했습니다. 요한이 스스로 선택한 영광의, 순교의 길이 가려져서는 안 됩니다.

그렇다면, 왜 요한은 투옥과 죽음의 과정을 뻔히 내다보면서도 헤롯을 책망해 순교까지 자청했을까요? 먼저, 그것은 하나님의 진리를 선포하는 선지자로서 헤롯의 불의에 침묵할 수 없는 선지자의 본능 때문입니다. 요한은 자신의 사명을 게을리 하지 않았습니다. 요한이 헤롯을 책망하면서 투옥과 죽음, 순교를 자청한 두 번째 이유는 그가 서 있는 자리, 그의 위치 때문입니다. 예수 그리스도의 길을 준비하는 사명을 지닌 요한에게 예수님께서 나타나셨습니다. 자신의 모든 것을 예수님께 넘겨 드리고 조용히 물러나야, 사라져야 할 시기가 요한에게 다다른 것입니다. 요한에게 남은 일은 모든 것을 예수님께 넘겨 드리고, 물러남으로 지금까지 달려온 자신의 사명의 길을 마무리 짓는 것입니다. 예수님께 모든 것을 넘겨 드리고 자신은 예수님과 반대의 길을 걸어야 하는 바로 그 지점, 그 갈림길에 마주섰습니다.

사람의 측면에서 이러한 요한을 바라본다면, 요한의 괴로움과 힘든 고통을 이해할 수 있습니다. 한 마디로 말해서, 요한의 박탈감을 느낄 수 있습니다. 그러나 사명의 측면에서 바라본다면, 세상이 말하는 박탈감이라는 것을 피할 수는 없지만, 이것은 또 하나의, 또 다른 기쁨과 영광입니다. 사명자에게는 빼앗기고, 소유하는 것이 문제가 아니라, 하나님의 뜻을 이루느냐 못 이루느냐가 문제입니다. 우리는 부족하지만, 하나님의 신실한 사명자에게는 자신의 목숨보다도 하나님의 뜻이 우선이기에 자신의 목숨을 바쳐 하나님의 뜻을 이룰 수 있다면, 그들은 기꺼이 사명을 좇아 목숨을 내려놓을 것입니다. 요한은 물러남으로 하나님의 뜻을 온전히 이룰 수 있다는 것을 알기에 기꺼이 물러나려 했습니다. 요한의 사라짐, 물러남이 이와 같습니다. 사명을 마무리 짓기 위해 사라지려고 했습니다.

요한은 헤롯을 책망할 때, 자신이 겪어야 할 두 가지 일들을 계산했습니다. 그 첫 번째가 바로 감옥에 갇히는 것입니다. 감옥만큼 사라지고 물러나기에 좋은 곳은 없습니다. 감옥만큼 그리스도를 준비하는 자신의 사명을 마무리 짓기 좋은 곳은 없습니다. 이렇듯 요한의 삶은 사라짐, 물러남의 삶입니다. 그는 사명을 준비하기 위해 어릴 적에는 빈 들로 사라졌습니다. 물러났습니다. 물론 이때의 사라짐은 부모님 사가랴와 엘리사벳이 요한을 하나님의 사명자로 키우고 준비시키기 위해 물러나게 했습니다. 그러나 이제는 그리스도를 준비하는 사명을 매듭짓기 위해 또 하나의 빈 들이 될 감옥 안으로 스스로 사라집니다.

감옥으로 사라졌습니다. 요한도 이곳이 자신의 사역의 마침표를 확실하게 찍을 수 있는 곳이라고는 생각하지 않았을 것입니다. 요한이 내다본 것과 같이 감옥은 요한의 사역의 마침표를 찍는 곳이 되지 못했습니다. 제자들이 요한에게 면회를 옵니다. "요한의 제자들이 이 모든 일을 그에게 알리니."(눅 7:18) 요한을 찾아온 제자들은 "이 모든 일", 곧 본문 앞부분에 소개된 예수님의 사역에 대한 이야기를 요한에게 전해줍니다. 제자들은 예수님의 사역에 대한 이야기를 어떤 의도를 가지고 요한에게 전했을까요? 역사에 사실이란 없고 기록자의 의도와 해석만이 있다고 합니다. 요한에게 예수님의 사역의 이야기를 전하는 이 전달도 사실이 아니라, 예수님의 사역에 대한 제자들의 해석이라는 것을 알아야 합니다.

그렇다면, 제자들의 예수님에 대한 감정은 어떤 것이었을까요? 당연히 부정적이고 원망과 불평에 차 있습니다. 제자들의 마음은 이런 것입니다. '스승 요한은 예수님께 모든 것을 다 내어 드리고 이렇게 감옥까지 스스로 찾아와 물러나셨는데, 예수는 스승 요한의 모든 것을 다 빼앗듯 가져가고는 감사하다는 말 한마디 없고, 또한 그런 스승 요한을 위한 구명운동 하나 하지 않는다.'고 여겼을 것입니다. 제자들의 이런 감정을 요한복음 3장 26절에서도 살펴볼 수 있습니다. "그들이 요한에게 가서 이르되 랍비여 선생님과 함께 요단 강 저편에 있던 이 곧 선생님이 증언하시던 이가 세례를 베풀매 사람이 다 그에게로 가더이다." 스승의 인기와 명예가 예수님께로 넘어가는 것을 보면서 예수님께 불평과 원망의 감정을 가진 제자들의 모습입니다.

이런 마음을 지니고 있던 제자들은 요한에게 면회 와서 자신들의 불평과 원망을 토로했습니다. 제자들의 불평과 원망을 들은 요한의 반응이 바로 누가복음 7장 19절입니다. "오실 그이가 당신이오니이까 우리가 다른 이를 기다리오리이까." '정말 예수님이 오실 분, 메시아가 맞습니까?' 이 말은 요한의 마음이 아니라, 제자들의 마음입니다. 요한의 제자들이 예수님께 이렇게 부정적이었습니다. 요한의 제자들이 아직도 요한의 곁에 머물러 있다는 것을 통해서도 그들이 예수님께 부정적이었음을 살펴볼 수 있습니다. 요한은 요한복음 3장 28절에서 "내가 말한 바 나는 그리스도가 아니요 그의 앞에 보내심을 받은 자라고 한 것을 증언할 자는 너희니라"고 말했습니다. 자신의 제자가 아니라, 예수 그리스도의 제자를 준비한 요한입니다. 그랬기에 요한은 요한복음 1장 37절에서 "두 제자가 그의 말을 듣고 예수를 따르거늘." 자신의 두 제자를 예수님께 보냈습니다. 모든 제자들을 예수님께 보내려고 했을 것입니다.

그런데 이들은 아직도 예수님께 가지 않고 요한에게 남아 있습니다. 예수님께 부정적이고 불평과 원망을 가지고 있기에 예수님께 가지 않은 것입니다. 그래서 요한은 그들도 예수님께 보냅니다. "요한이 그 제자 중 둘을 불러 주께 보내어 이르되…."(눅 7:19) 두 제자를 예수님께 보내는 요한의 마음은 요한복음 1장 37절에 나타난 요한의 마음과 동일할 것입니다. 두 제자를 예수님께 보내 예수님의 제자로 세운 것과 같이, 비록 불평하고 원망하지만, 이들도 예수님의 제자로 세워지기를 바라는 마음으로 보냈을 것입니다.

감옥이란 여전히 고독하고 두려운 곳입니다. 옛날 빈 들에서의 시절이 생각났을지도 모릅니다. 그렇기에 이따금 찾아오는 제자들이 반갑고 기쁜 동무가 되어 주었을 것입니다. 그러나 오늘 본문에 나타난 제자들의 불평과 원망이 있고는 요한은 깊은 고민에 빠지게 되었습니다. 요한은 자신이 사라지고 물러나기 좋은 곳을 찾아 감옥 안으로 들어왔다고 생각했는데, 사정이 이쯤 되자, 이곳도 온전히 물러나는 자리가 되지 못한다는 것을 알게 되었습니다. 사라진다고 감옥 안으로 들어왔는데 바람이 되어 가지를 흔드는 제자들 때문에 좀 더 확실하게 사라져야 한다는, 자신의 사역과 존재를 확실하게 매듭지어 마침표를 찍어야 한다는 생각으로 요한은 고민하게 되었습니다.

감옥에 들어오는 것보다 더 확실하게 사라지는 것, 물러나는 것, 요한에게 마침표를 찍는 것이 무엇일까요? 그것은 헤롯을 책망할 때, 요한이 계산했던 두 가지의 일들 중 두 번째 것입니다. 순교입니다. 감옥에 있는 요한도 자신의 목숨이 위태롭다는 것을 잘 알고 있습니다. 헤로디아가 자신을 죽이기 위해 최선을 다하고 있기 때문입니다. "헤로디아가 요한을 원수로 여겨 죽이고자 하였으되."(막 6:19) 요한은 이런 죽음의 위협을 받고 있으면서도 어떠한 조치도 취하지 않았습니다. 감옥 안에 갇혀 있기에 요한이 취할 수 있는 조치, 길이 없어서 어쩔 수 없이 죽음을 기다리고 있었던 것일까요? 그렇지 않습니다. 요한에게는 자신을 가둔, 아니 스스로 들어온 감옥이기에 이 감옥을 빠져나갈 길도 있었습니다. 그 길은 비교적 어렵지 않았고, 또한 확실한 길이었습니다. 그러나 요한은 감옥을 빠져나갈 손쉬운 방법을 두고도 어떤 조치도 취하지 않았습니다. 자신의 사역과 존재에 마침표를 찍기 위해 죽음을 기다리고 있었기 때문입니다.

요한이 감옥을 빠져나갈 수 있는 방법이란 이런 것입니다. 요한에게 면회 오는 제자들이 있다는 것은 너무나 큰 기회입니다. 대단한 기회입니다. 요한은 그들에게 '나가고 싶다!'고 '백성들을 움직여 나를 나가게 하라.'고 한 마디 의사만 표명하면, 제자들이 요한을 그리스도로 아는 백성들을 움직일 것입니다. "백성들이 바라고 기다리므로 모든 사람들이 요한을 혹 그리스도신가 심중에 생각하니."(눅 3:15) 어렵지 않게 일을 도모할 수 있습니다. 일이 이렇게 진행되면, 헤롯을 압박하게 될 것입니다. 그리고 모든 백성의 압박을 받는 헤롯은 요한을 풀어주지 않을 수 없게 될 것입니다. 헤롯은 요한을 지지하는 백성들을 두려워했습니다. "헤롯이 요한을 죽이려 하되 무리가 그를 선지자로 여기므로 그들을 두려워하더니."(마 14:5)

요한이 감옥에서 빠져나오기 위한 세 가지 조건이 충족되었습니다. 외부와 연결되었고, 많은 사람들이 요한을 지지했습니다. 그리고 헤롯이 요한을 두려워했습니다. 마태복음 14장 1~2절 "그 때에 분봉왕 헤롯이 예수의 소문을 듣고 그 신하들에게 이르되 이는 세례 요한이라 그가 죽은 자 가운데서 살아났으니 그러므로 이런 능력이 그 속에서 역사하는도다 하더라." 예수님의 소문을 듣고 죽은 요한을 떠올릴 정도로 그는 요한을 두려워했습니다. 마가복음 6장 19~20절 "헤로디아가 요한을 원수로 여겨 죽이고자 하였으되 하지 못한 것은 헤롯이 요한을 의롭고 거룩한 사람으로 알고 두려워하여 보호하며…." 헤롯은 죄를 지으면서까지 차지했던 헤로디아의 말마저도 거절하고, 오히려 그녀로부터 요한을 보호할 정도로 요한을 두려워했습니다.

감옥을 빠져나올 수 있는 세 가지 조건이 충족되었습니다. 비교적 어렵지 않고, 확실한 방법이기에 모험을 감행하는 것과 같이 목숨을 걸 만한 것도 아닙니다. 그러나 이 모든 조건보다 더 중요한 한 가지 조건이 충족되지 않았습니다. 그것은 바로 요한의 의지입니다. 요한은 감옥을 빠져나가고 싶지 않았습니다. 감옥을 빠져나가면 자신의 사역과 존재에 마침표를 찍을 수 없기 때문입니다. 요한이 감옥에서 빠져나오려 하지 않았다는 것은 요한이 예수님을 의심하지 않았다는 강한 반증이기도 합니다. 만일 예수님을 의심했다면, 요한은 감옥에서 빠져나오려고 했을 것입니다. 할 일이 남아 있기 때문입니다. 예수님이 그리스도가 아니기에 그리스도로 올 다른 이를 준비하려고 감옥에서 빠져나오려고 했을 것입니다. 그러나 요한은 예수님을 그리스도로 믿고, 변치 않았기에 감옥을 빠져나올 이유가 없었습니다. 예수님께서 오실 메시아이심을 확신한 요한은 감옥에서 마침표를 찍고자 했습니다. 요한은 자신을 죽이기를 소원하는 헤로디아에게 시간을 벌어주고 있습니다. 그 시간은 결국 헤로디아에게 기회를 제공했습니다. "(헤로디아에게) 마침 기회가 좋은 날이 왔으니…."(막 6:21)

헤롯이 요한을 감옥에 가두고, 죽인 것이 아닙니다. 요한 스스로 순교함으로 사라져 사명을 온전히 이룬 것입니다. 예수님께서도 요한의 이러한 믿음을 아시고, "여자가 낳은 자 중에 요한보다 큰 자가 없도다"(눅 7:28)라고 말씀하셨습니다. 요한은 하나님의 뜻을 온전히 따른 사명자입니다. 하나님의 사명과 뜻이 '죽음이라는 두려움과 공포'에 가려져 발견하기 힘든 좁고 협착한 것이었지만, 요한은 그것을 발견하고, 이것이 생명의 길, 사명의 길이기에 준행했습니다. 요한은 자신의 사명이 무엇인지 정확히 알았고, 이 사명의 자리가 어디까지인지도 정확히 알았습니다. 그리고 그 범위를 넘어서지 않았습니다. 자신의 자리를 지키는 길이 순교임을 분별할 정도였습니다. 자신의 모든 것을 기꺼이 사명을 위해, 하나님의 뜻을 위해서, 자신의 존재의 이유되신 메시아 예수님을 위해 포기했습니다. 이런 요한을 누가 의심자요, 변절자라 말할 수 있습니까!

누가복음 7장 19절, "오실 그이가 당신이오니이까 우리가 다른 이를 기다리오리이까"는 요한의 고백이 아닙니다. 예수님이 이런 분이라고 자신에게 불평, 원망하는 제자들을 예수님께 보내기 위해 그들의 소리를 질문으로 만들어준 것뿐입니다. 요한의 되뇌임 속에 숨겨진 요한의 참 고백은 제자리를 찾아야 합니다. 요한이 제자들에게 주고 싶었던 말씀은 그들이 예수님께 가서 먼저 두 제자들과 같이, 예수님의 제자가 되기를 바라는 마음이었습니다. 이것이 요한의 참 고백입니다.

'오실 그리스도는 당신뿐이십니다. 우리가 어찌 다른 이를 기다리겠습니까! 나(요한)의 사명은 당신의 길을 준비하는 것이온데, 이제 다

준비하고 마쳤으니 죽음, 순교로서 사라지고 물러가는 영광을 얻고자 합니다.'

이것이 요한의 마음, 요한의 고백입니다. 요한의 이 모습을 본받아 그리스도의 길, 복음을 준비하고는 스스로 물러나고 사라질 줄 아는 성도, 목회자, 사명자가 되어야 할 것입니다. 오늘 우리 시대의 교회와 성도, 목회자의 회복의 통로는 사가랴와 엘리사벳, 그리고 요한이 실천하였던 사라짐-물러남에 있습니다.

사명의 완성

요한, 그의 삶은 사명자의 삶이었고, 그의 사명은 물러나고 사라짐으로 완성되었습니다. 어린 시절 그는 부모님, 사가랴와 엘리사벳에 의해 고립무원의 빈 들로 보내져 하나님의 사명자로 훈련받으며 준비되었습니다. 그렇게 준비하고 세워진 요한이 최고의 사명자로 세워졌을 때, 그는 거기까지가 자신의 사명의 범위임을 알고, 그의 고백대로 쇠하기 위하여, 신랑의 친구로만 남기 위하여 헤롯을 이용해 감옥 안으로 물러나고, 그곳에서 헤로디아에게 기회를 주며 순교를 기다렸습니다.

이런 요한을 바라보며 물러나고 사라져야 할 때를 알아야 함을 깨닫게 됩니다. 요한의 이 모습은 오늘 우리에게, 우리 교회에 너무나 부족한 모습입니다. 부족하기에 채워야 할, 보충해야 할, 그래서 온전해져야 할 모습입니다. 드러남, 명예, 인기로 사명이 완성된다고 믿는, 착각하는 사람들에게 요한은 '사명은 물러나고 사라짐으로 이루어지는 것'이라고 그의 온몸, 모든 삶을 통하여 외치는 듯합니다. 그가 목회자건 성도건, 신앙인은 자신의 모든 것을 예수 그리스도께, 아니면 예수 그리스도께서 위임해 주신 교회에 넘겨 드릴 때 그의 사명이 완성됨을 바라볼 수 있어야 합니다. 탁월하게 사명을 감당했다 할지라도 물러나고 사라지는 것으로 사명의 마침표를 찍지 못하면, 영원히 매듭짓지 못한 사명을 남겨둘 수밖에 없습니다.

물러나고 사라진 요한의 분별력과 담대함을 우리도 지닐 수만 있다면, 교회는 회복될 것입니다. 성도는 신앙을 회복하게 되고, 그 사명자는 하나님께서 기뻐하시는 사명자로 세워질 것입니다. 또한 교회와 성도의 분열은 화해로 인도될 것입니다. 물러나고 사라지기에 분열이 노릴 틈은 없습니다. 요한이 그리운 시대입니다. 그렇기에 사가랴와 엘리사벳이 그리운 시대입니다. 그토록 오랜 시간, 절망을 넘어 요한을 기다린 그들의 간구함이 요청되는 시대입니다. 눈에 넣어도 아프지 않을 아들, 그 간구함의 독자를 빈 들로 떼어 보내 그곳에서 훈련시켜 하나님의 사명자로 준비시킨 그들의 신실함이 요청되는 시대입니다.

물러나고 사라신 요한이기에 요한을 발견하기가 쉽지 않습니다. 요한이 이 정도기에, 그의 부모님, 사가랴와 엘리사벳은 더욱 더 발견하기 쉽지 않습니다. 요한과 그의 사명의 삶 안에 녹아 있는, 다 녹아버려서 환원시켜 찾아내기 쉽지 않은 사가랴와 엘리사벳을 발견해야 합니다. 그래야 우리가 요한을 꿈꿀 수 있습니다. 그래야 우리가 요한을 꿈꾸며, 먼저 사가랴와 엘리사벳을 꿈꿀 수 있습니다.

요한을 기다리고, 준비시키고, 하나님의 사명자로 세운 사가랴와 엘리사벳에게 감사합니다. 너무나 철저히 숨은 사가랴와 엘리사벳에게 감사합니다. 그러나 우리는 너무나 철저히 숨어버린 사가랴와 엘리사벳을 발견해 내야 합니다. 그들의 입장에서는 철저히 물러나고 숨는 것이 그들의 사명을 온전히 이루는 마침표겠지만, 우리의 입장에서는 그들을 발견하고, 그들의 발자취를 따라가며 그들을 배우고 본받는 것이 우리의 사명이기 때문입니다.

사가랴와 엘리사벳, 그리고 서원의 아들 요한은 물러나고 사라진 사명자입니다. 그들의 이 흔적을 오늘 우리의 사명에 새겨야 할 것입니다. 사명은 예수 그리스도께 모든 것을 넘겨 드릴 때, 예수 그리스도께서 위임하신 교회에 모든 것을 넘겨 드릴 때 비로소 마침표를 찍게 된다는 것을 새겨야 합니다. 요한처럼, 사가랴와 엘리사벳처럼, 물러나고 사라짐으로써 사명을 완성하는 우리 모두가 될 수 있기를 기도드립니다. 이때 주님께서 주실 칭찬 한마디, 그것만이 우리의 기쁨, 소망이 되기를 바랍니다.

III. 신앙의 기준으로 돌아가게 하는 원어성경

III. 신앙의 기준으로 돌아가게 하는 원어성경

설교 잘하는 목사가 되게 해 주세요

신학생 시절의 일입니다. 교육전도사로 사역을 하는 친구, 동기들이 있었습니다. 저도 교육전도사를 해보고 싶었습니다. 그러나 당시에 교육전도사로 사역하기 위해서는 학생부 성가대 지휘와 운전면허증이 필수였습니다. 그런데 제게는 둘 다 없었습니다. 그래서 저는 '무엇을 해야 하나?' 하고 기도했습니다. 그 작정기도를 통하여 설교 잘하는 목사가 되고 싶다는 꿈을 꾸게 되었습니다. 설교를 잘하는 목사가 된다는 것은 하나님의 말씀, 하나님의 뜻을 더 밝히 헤아려 아는 목사가 되어 그 은혜를 대언하는 목사가 되고 싶다는 꿈이었습니다.

하나님께서는 그렇게 기도하며, 그 꿈을 마음에 품고 있던 제게 하나의 만남을 주셨습니다. 나이는 저보다 많았지만, 함께 신학교에 입학한 동기 김원철 형님이었습니다.(지금은 목사님이 되어 있으시겠죠!) 성경원어에 관심이 많던 형님은 제게 원어성경, 원어 성구사전 등을 소개해 주었고, 읽기를 비롯해 간단한 문법도 가르쳐 주었습니다. 그때 저는 설교를 잘하는 목사, 하나님의 뜻을 좀 더 가깝게 증언하는 목사가 되는 길이 원어를 익혀 원어성경을 보는 것에 있다고 깨닫게 되었습니다. 하나님께서 주신 기회, 마음이라고 믿었습니다. 그래서 그때부터 원어공부를 시작했습니다. 2학년 때 배울 헬라어를 준비하기 위하여 1학년 겨울방학에 헬라어 문법책을 사고, 3학년 때 배울 히브리어를 준비하기 위하여 2학년 겨울방학에 히브리어 문법책을 사서 혼자지만, 너무나 재미있게 공부했습니다.

물론 재미있고, 설레고 신나려지는 기쁨의 시간들이었지만, 쉽지 않은 독학의 시간이기도 했습니다. 원어 실력이 성장하는 것은 보였지만, 원어성경을 공부하며 꿈꾸었던 수준에는 좀처럼 다가가지 못하는, 다가갈 수 없다는 것을 느끼는 시간이기도 했습니다. 한 마디로 '밑 빠진 독에 물 붓기'였습니다. 그래서 그만 두고 싶었을 때도 여러 번 있었습니다. 그때 어떻게 그 마음을 정리할 수 있었는지는 잘 모르겠습니다. 제가 그 마음을 정리했던 것이 아니었다고 생각됩니다. 뿐만 아니라, 여러 가지 일로, 사역으로 원어를 손에서, 머리에서 놓았던 적도 있었습니다.

만약에 그때 원어와 멀어졌다면, 영영 다시 돌아갈 수 없는 지난 기억에 불과했을 텐데 다행히도 하나님의 은혜로 여기까지 왔습니다. 그래서 제가 알고 있는 원어와 원어성경의 지식, 그리고 부족하지만 제가 쓴 글은 제 것이 아님을 잘 알고 있습니다. 하나님께서 주신 달란트입니다. 하나님께서 주신 달란트기에 이제는 선용하여 하나님께 돌려 드릴 수 있는 그런 “착하고 충성된 종”(마 25:21)이 되기를 기도하고 있습니다. 그 자리가 어디까지일지는 하나님께서 보여 주시리라 믿고, 그때까지 신실하게 나아가리라 기도합니다.

암송과 연상

공업이란 과목이 있었습니다. 내신에 있어서는 그렇게 중요하지는 않은 과목이었습니다. 고등학교 3학년 중간고사를 앞두고 열심히 공업 시험 준비를 했습니다. 나름 철저히 했습니다. 그런데 시험지를 받아본 순간 깜깜해졌습니다. 시험을 마치자 저 뿐 아니라, 모두가 '시험문제를 그렇게 내는 법이 어디 있어?'라며 불평했습니다. 반 평균이 반 정도밖에 되지 않았습니다.

기말고사가 다가왔습니다. 여러 가지를 계산해 보니 공업 점수가 중요한 변수였습니다. 그래서 정말 철저히 공업 시험공부를 했습니다. 기말고사 시험범위가 중간고사 범위를 포함하는 것이기에 상당히 많은 분량이었습니다. 그래서 저는 시험범위 전체를 다 외우겠다고 마음먹었습니다. 얼마나 철저하게 외웠는지 앞부분에 나온 내용이 마지막 부분의 지나치기 쉬운 내용과 연관(연상)되는 것을 묶어 낼 수 있을 정도로 외웠습니다. 친구들이 그것은 절대 시험문제에 나오지 않는다고 했던 작은 내용도 다 외웠습니다. 그렇게 철저하게 외웠습니다. 시험성적을 받아들고는 노력의 대가에 비해서 점수가 적게 나왔다고 생각했는데, 친구들의 점수를 들어보니 노력의 대가를 보상받는 점수였습니다. 기말고사 역시 중간고사 못지 않게 어려웠습니다.

고3 때의 공업시험 준비 경험이 제게는 너무나 소중한 경험이 되었습니다. 내가 생각해내려고 해서 기억에 떠올리는 것이 아니라, 너무 외우고 암송해서 자동적으로, 자연히 떠오르고 기억나도록 공부했던 경험이 큰 자산이 되었습니다. 고3 시절의 공업시험이 제게 이런 선물을 안겨 주었다고 해석한 것은 물론 그로부터 한 참 지난 후입니다. 그러나 저의 외우고 암송하는 버릇이 그때 들었다고 저는 믿고 있습니다. 지금도 그렇게 믿고 있습니다. 이십 여 년 전 공업시험을 너무나 어렵게 내 주신 윤흥렬 선생님께 감사를 드립니다.

하고 싶은 말은 '암송'과 '연상'입니다. 너무나 은혜롭고, 기가 막힌 내용을 들어서 수첩에 적어 두었습니다. 스마트 폰에 메모해 두었습니다. 그러나 그뿐, 그것이 마지막이었다는 경험을 누구나 가지고 있습니다. 좀처럼 수첩을 넘기거나, 스마트 폰을 열어 확인하지 않습니다. 확인하지 않으면 그만 그렇게 사라집니다. 먼저는 그 생생한 내용이, 그리고는 그로 인해 받았던 감동이 사라집니다. 그리고는 무뎌져 버리고 맙니다. 아무리 메모하고 저장해 두었다고 해도 필요할 때 바로 꺼내 볼 수 없다면, 그것은 없는 것과 다름없습니다. 없는 것입니다. 도서관에서 서진에 따라 꽂혀 있지 않은 책은 사실 없는 책입니다. 꺼내 볼 수 없기 때문입니다. 꺼내지지 않기 때문입니다.

하나님께서 주신 말씀의 은혜, 말씀의 깨달음도 마찬가지입니다. 그것을 내가 꺼내 볼 수 없다면 아무리 큰 은혜, 깨달음을 받았다 해도 곧 잊힐 테니 소용없는 것입니다. 그러나 '암송'은 차원이 전혀 다릅니다. 메모는 내가 꺼내 보겠다고 의식하고 노력해야 꺼내 볼 수 있습니다. 물론, 의지가 적은 경우에는 그것마저도 못합니다. 하지만 '암송'해 놓으면, 그것도 철저히 '암송'해 놓으면, 그것이 필요한 순간, 연관된 상황에 스스로 튀어나옵니다. 내가 꺼내려 해서가 아니라, 암송한 말씀이 스스로 튀어나와 내게 그 말씀이 간직하고 있는 하나님의 위로와 힘과 깨달음, 이해와 인내를 선물해 줍니다. 그래서 다시 일어서게 하고, 힘을 내 인내하게 합니다. 생명의 말씀이 되어 주십니다.

하나님의 말씀을 철저하게 암송하면, 하나님의 말씀이 나의 의지와 의식보다 더 먼저 반응하여 내게 다가와 힘과 능력이 되어 줍니다. 하나님의 말씀은 메모가 아니라 암송해야 합니다. 그것도 철저히 암송해야 합니다. 그래야 어렵고 힘든 때, 아무 힘도 없을 때, 아무 것도 할 수 없을 때, 내가 아니라 말씀이 내게 다가와 힘과 능력이 되어 주셔서 나를 일으켜 세워주시는 은혜를 경험할 수 있습니다.

암송은 굉장히 중요한 방법입니다. 이 비밀을 간직하고 실천하는 사람이 유대인입니다. 그들은 성경을 암송합니다. 성인식을 통과하기 위해서는 모국어로 사용하지 않는 히브리어라 할지라도, 히브리어를 배워 히브리어로 성경을 암송해야 합니다. 모두가 암송하여 통과한다고 합니다. 암송은 유대인의 전통입니다. 이 전통은 하나님께서 알려주신 방법, 하나님의 방법, 곧 비법입니다.

특별히 신명기에서는 하나님의 말씀을 암송하라-가까이 하라는 당부를 많이 합니다. 그중에서 신명기 31장 14~22절입니다. "여호와께서 모세에게 이르시되 네가 죽을 기한이 가까웠으니 여호수아를 불러서 함께 회막으로 나아오라 내가 그에게 명령을 내리리라 모세와 여호수아가 나아가서 회막에 서니 여호와께서 구름 기둥 가운데에서 장막에 나타나시고 구름 기둥은 장막 문 위에 머물러 있더라 또 여호와께서 모세에게 이르시되 너는 네 조상과 함께 누우려니와 이 백성은 그 땅으로 들어가 음란히 그 땅의 이방 신들을 따르며 일어날 것이요 나를 버리고 내가 그들과 맺은 언약을 어길 것이라…(19절) 그러므로 이제 너희는 이 노래를 써서 이스라엘 자손들에게 가르쳐 그들의 입으로 부르게 하여 이 노래로 나를 위하여 이스라엘 자손들에게 증거가 되게 하라…(21절) 그들이 수많은 재앙과 환난을 당할 때에 그들의 자손이 부르기를 잊지 아니한 이 노래가 그들 앞에 증인처럼 되리라 나는 내가 맹세한 땅으로 그들을 인도하여 들이기 전 오늘 나는 그들이 생각하는 바를 아노라 그러므로 모세가 그날 이 노래를 써서 이스라엘 자손들에게 가르쳤더라."

하나님께서는 사랑하는 이스라엘 백성을 가나안 땅으로 인도하여 들이시지만, 그들이 그곳에서 하나님을 떠나 우상숭배하게 될 것을 다 알고 계셨습니다. 그러면서도 그들을 인도하신 하나님은 사랑의, 크신 사랑의 하나님이라고 표현할 수밖에 없습니다. 그래서 크신 사랑의 하나님께서는 사랑하는 이스라엘 백성을 위해 한 가지 장치를 마련해 주셨습니다. 하나님을 떠날 때, 다시 하나님을 기억하고, 회개하여 돌아올 수 있도록 하는 장치입니다. 그것은 바로 "노래"(21절)입니다. 그 노래에 대해서는 신명기 32장에 기록되어 있습니다.

노래란 암송이라 할 수 있습니다. 하나님의 은혜와 인도하심을 기억하게 하는 노래를 암송하게 하신 것입니다. 이스라엘이 가나안 땅에서 하나님을 잊어 그들의 힘, 수고로는 하나님을 기억할 수 없게 될 때, 그래서 그렇게 계속 하나님을 떠나 살아갈 수밖에 없게 될 때, 바로 그때 이스라엘이 하나님을 기억하고 회개하여 하나님께로 돌아오게 할 노래, 그 하나님의 사랑과 은혜를 암송하게 하신 것입니다. 하나님을 기억하고 회개하게 하고, 하나님께 돌아오게 할 가장 확실한 방법이 노래-암송이라는 것입니다. 적어 놓은 것은 들춰보지 않으면 소용없습니다. 간직한 것은 열어 보지 않으면 소용없습니다. 그러나 암송은 다릅니다. 내가 들춰보지 않아도, 열어 보지 않아도, 내가 그렇게 하리라는 의식이 없다 할지라도, 내가 의식해서 기억하는 것이 아니라, 암송 그 자신이 내게 튀어 올라와서 기억하라고, 되새기라고, 회개하라고 재촉합니다. 나도 모르는 회개와 감격, 감동, 하나님의 은혜를 떠올리고 되새기게 해 줍니다. 암송입니다.

하나님께서 이스라엘에게 암송이라는 신앙의 방법을 알려주셨습니다. 하나님께서 알려주신 방법이니 따질 필요가 없습니다. 신명기 6장 6절입니다. "오늘 내가 네게 명하는 이 말씀을 너는 마음에 새기고" 마음 판에 새기라고, 각인하라고, 철저히 암송하라고 하십니다. 그래야 그때, 내가 말씀을 찾아가지 않을지라도, 그 암송의 말씀이 나를 찾아와 하나님만 의지하고, 회개하게 해 줍니다. 성경에는 많은 신앙의 노래들이 있습니다. 하나님의 은혜와 사랑을 잊지 말라고 암송하라고 주신 말씀들입니다. 세상을 살아가면 하나님을 잊게 하는, 멀리 떨어지게 하는 것들이 얼마나 많이 있습니까! 그래서 우리가 하나님을 찾아갈 수 없습니다. 말씀이 잠자는, 주저하는, 세상에 취해 빠져 있는 우리를 깨워, 일으켜, 부축하고 하나님께로 인도하게 해야 합니다. 바로 그것이 암송입니다.

하나님의 생명의 말씀을 암송하는 성도가 됩시다. 비록 우리가 모르고 어리석어서 그 생명이 풍요와 은혜를 떠났나 할지라도, 하나님의 생명의 말씀이 우리를 깨우고 재촉하여 그 생명의 풍요와 은혜를 누리도록 인도하시는 하나님이 생명의 말씀을 암송해 놓아야, 저축해 두어야 합니다. 그래서 저도 2011년부터 원어성경(헬라어) 본문을 암송하고 있습니다. 2011년에는 에베소서 여섯 장을, 2012년에는 야고보서 다섯 장을 암송했습니다. 2013년에는 갈라디아서 여섯 장을 암송할 것입니다. 한 해에 비교적 분량이 적은 성경을 한 권씩 암송하는 것을 평생의 숙제로 정했습니다. 하나님의 말씀이 제게 다가와 말씀해 주시리라 믿으며 확신하기에 저축하는 것입니다.

왕대일 교수님께서 써주신 추천의 글이 기억납니다. "성경말씀을 써본다는 것은 말씀을 귀로 듣던 때와는 무척 다른 경험을 하게 됩니다. 말씀이 눈에 보이고, 말씀이 손에 들리고, 말씀이 마음에 와 닿다가, 나중에는 말씀이 나를 붙들어 주는 또 다른 경지에 들어서게 됩니다." 하나님의 말씀 암송을 통하여 "말씀이 나를 붙들어 주는 또 다른 경지"에 들어서는 복 된 성도되기를 기도합니다.

복음성가 〈부흥〉

"이땅의 무너진 기초"

복음성가 〈부흥〉 가운데 이런 가사가 있습니다. "…이제 우리 모두 하나 되어 이땅의 무너진 기초를 다시 쌓을 때 우리의 우상들을 태우실 성령의 불 임하소서…." "이땅의 무너진 기초"에서 기초가 무너진 땅이 어디일까요? 보통은 믿지 않는 세상을 가리킵니다. 세상 사람들을 향한 소리라고 생각합니다. 그래서 세상을 안타까워하며, 찬양을 부르곤 합니다. 그러나 이 가사는 오히려 교회와 믿는 성도, 곧 내게 적용되어야 합니다.

복음성가 〈부흥〉과 같이 그 대상을 혼동하고 있는 말씀이 있습니다. 믿지 않는 세상을 향하여 초청하는 대표적인 메시지로 여겨지는 마태복음 11장 28~30절입니다. "수고하고 무거운 짐 진 자들아 다 내게로 오라 내가 너희를 쉬게 하리라 나는 마음이 온유하고 겸손하니 나의 멍에를 메고 내게 배우라 그리하면 너희 마음이 쉼을 얻으리니 이는 내 멍에는 쉽고 내 짐은 가벼움이라 하시니라." 세상을 향해서, 믿지 않는 사람들을 향해서 교회 오면 예수님 믿으면 이런 약속의 평안과 쉼이 있다고, 그러니 교회 나오고, 예수님 믿으라고 전합니다. 이것이 잘못되었다는 것은 아닙니다.

그러나 예수님께서 이 말씀을 하실 때, 그 대상자는 믿지 않는 사람, 믿지 않는 세상이 아니라, 믿고 있는 사람들입니다. "수고하고 무거운 짐 진 자", 그래서 사람들은 평안과 쉼이 없습니다. 여기서 "수고하고 무거운 짐 진 자"는 당시 종교지도자들에게서 배운 율법(그들이 규정한 구전율법-사람의 계명, 사 29:13)을 멍에로 짊어진 사람입니다. 믿고 있는데, 그 믿음으로는 평안과 안식을 얻지 못하는 사람들에게 주시는 말씀입니다. 당시 종교지도자들이 지워준 멍에와 율법이 그들을 속박했습니다. 그래서 예수님께서 말씀하십니다. 너희를 속박하는 바리새인, 제사장들의 멍에, 지금 너희가 멘 멍에, 너희의 배움을 벗어버리고, 새롭게 "나의 멍에를 메고 내게 배우라 그리하면 너희 마음이 쉼을 얻으리라."

믿지 않는 자가 아니라, 믿는 자에게 주신 말씀입니다. 성경말씀도 마찬가지입니다. 주님께서 사두개인과 바리새인들을 향하여 불과 같은 진노를 발하신 것을 볼 때, 믿는다고 하는 자에게 주시는 징계입니다. 오히려 믿지 않는 자들에게는 위로와 격려를 그리고 이해를 베풀어 주십니다. 그들은 전도해야 할 대상이기 때문입니다. 믿는다고는 하지만, 하나님의 뜻을 벗어난 사람들은 그 죄의 길에서 돌이켜야 하기에 강한 징계의 말씀을 선포하셨습니다.

하나님의 뜻을 벗어난 이 미숙한 신앙에서 저들을 돌이켜야 하셨기에, 저들의 신앙의 기초를 다시 쌓아주시겠다는 말씀입니다. 예수님께서 믿는다고 하는 자들에게 다시 가서 배우라고, 더 정교하게 다듬으라고, 가서 다시 기초를 쌓으라고, 더 순전한 모습으로 세워지라고 말씀하셨습니다. "예수께서 들으시고 이르시되 건강한 자에게는 의사가 쓸 데 없고 병든 자에게라야 쓸 데 있느니라 너희는 가서 내가 긍휼을 원하고 제사를 원하지 아니하노라 하신 뜻이 무엇인지 배우라 나

는 의인을 부르러 온 것이 아니요 죄인을 부르러 왔노라 하시니라." (마 9:12~13)

평생 율법을 공부한 바리새인들에게 너희가 배운 것이 잘못되었으니 다시 배우라고 말씀하십니다. 너희가 배워서 행하고 있는 신앙도 잘못되었으니 신앙의 기초도 다시 세우라고 말씀하십니다. 믿는 자에게 주시는 말씀입니다. 그런데 우리는 이 말씀을 듣지 않고, '나는 선한데, 나는 하나님의 사람인데, 세상이 문제야!'라고 하면서, 세상만 안타까워합니다. 정작 수정하고 교정해서 다시 세워야 할 것은 바로 우린데 말입니다. "이땅의 무너진 기초" 그 무너진 기초 가운데 하나가 세상이기보다는 먼저, 나, 우리라는 것을 인식하고 인정해야 합니다. 그래야 참 해법을 발견할 길의 출발선에 설 수 있습니다. 오늘, 점검하고서 다시 배우고, 다시 신앙의 기초를 쌓을 사람은 사실은 바로 나입니다. 내가 모르고 있을 뿐입니다. 왜 내가 나를 모를까요? 바로 저온화상 때문입니다.

저온화상

우리는 흔히 화상을 아주 뜨거운 것에 접촉하게 되어 생기는 것으로 생각합니다. 그런데 화상 중에는 저온화상도 있습니다. 말 그대로 저온에 입는 화상입니다. 저온에 입는 화상이니 대수롭지 않을 것 같다고 생각할지 모르지만, 사실은 더 심각하고, 후유증 역시 심각하다고 합니다. 저온화상은 이런 것입니다. 겨울철에 전기온풍히터를 다리 가까이에 놓고 사용하거나, 전기 매트 위에서 잠을 잡니다. 신체에 직접 접촉한 것이 아니기에, 접촉했다 하더라도 상대적으로 저온이기에 괜찮겠지 생각합니다.

그러나 저온에 장시간 노출되면, 사실은 자각하지 못할 뿐이지 그 열기가 조금씩 누적되면서, 피부 깊숙이 파고들어 오히려 높은 온도에서 짧은 순간에 입는 화상보다 더 심각한 화상을 입게 된다고 합니다. 자각하지 못할 뿐이지 사실은 그 영향을 받고 있는 것입니다. 자각할 때는 이미 큰 화를 당하고 난 뒤입니다. 이런 저온화상과 일치하는 옛 속담이 있습니다. '가랑비에 속옷 젖는 줄 모른다.'

자각하지 못할 뿐이지, 믿음에도 무너진 기초, 미숙한 기초가 있습니다. 자신이 자각하지 못한다고 심각하지 않은 것이 아닙니다. 우리의 자각과는 상관없이 찾아오는 저온화상과 같이 우리의 자각, 인정과는 상관없이 믿음도 이렇게 될 수 있습니다. 대표적인 예를 예수님의 성전정화 사건에서 볼 수 있습니다. "…예수께서 성전에 들어가사 성전 안에서 매매하는 자들을 내쫓으시며 돈 바꾸는 자들의 상과 비둘기 파는 자들의 의자를 둘러 엎으시며 아무나 물건을 가지고 성전 안으로 지나다님을 허락지 아니하시고 이에 가르쳐 이르시되 기록된 바 내 집은 만민이 기도하는 집이라 칭함을 받으리라고 하지 아니하였느냐 너희는 강도의 소굴을 만들었도다 하시매 대제사장들과 서기관들이 듣고 예수를 어떻게 죽일까 하고 꾀하니….”(막 11:15~18)

성전에서 장사하는 이런 일이 예수님의 눈에는 충격적인 신앙의 왜곡, 신앙의 무너진 기초로 보였는데 대제사장들과 서기관들의 눈에는 그렇지 않습니다. 아무렇지도 않았습니다. 왜 대제사장들과 서기관들의 눈에는 아무렇지도 않고 당연했을까요? 심지어는 예수님을 성전을 더럽힌 참람한 죄인이라고 여기고, 예수님을 어떻게 죽일까 하고 꾀했을까요? 바로 저온화상 때문입니다.

저들은 성전에서 이렇게 장사하는 모습을 자신들이 아주 어렸을 때부터, 자신들의 의식이 있기도 전부터 보아왔습니다. 저들의 아버지, 그 아버지의 조상들로부터 그렇게 성전에서 장사를 해왔습니다. 그러니 성전에서 장사하는 것은 당연한 것입니다. 오히려 이 성전에서 행패를 부린 청년 예수를 참람한 죄인으로 여겨서, 죽일 방법을 찾을 정도로 저들은 자신들의 잘못이 무엇인지 까맣게 모르고 있습니다. 이 안타까운 모습에 예수님께서는 저들의 무너진 신앙의 기초를 다시 세워주시려 하십니다. “이에 가르쳐 이르시되 기록된 바 내 집은 만민이 기도하는 집이라 칭함을 받으리라고 하지 아니하였느냐….”(막 11:17)

예수님께서 저들이 저온화상으로 인하여 잘못하고도 무엇이 잘못인지 모르는 것을 지적하여 주셨습니다. 오늘 우리에게도 이런 저온화상이 있지 않을까요? 아주 어렸을 적부터 교회 안에서, 신앙이라는 이름으로 다 그렇게 해 왔기에 자각하지 못하고 오히려 그것이 옳은 것이고, 이것에 반하는 것이 그른 것이라고 느끼는 저온화상은 없을지 조심스럽게 살펴보아야 합니다. 이 저온화상을 치유해야 교회와 성도가 지금보다 더 성숙한 예수 그리스도의 사람으로 세워집니다. 더 충만한 능력을 얻게 됩니다. 저온화상을 자각하여 분별하게 해 주는 여러 좋은 길들 가운데 하나가 원어성경입니다.

원어성경으로 풀어가는 누가복음 I

초판 1쇄 2012년 11월 12일

임성환 지음

발행인 | 김기택
편집인 | 손인선

펴 낸 곳 | 도서출판 kmc
등록번호 | 제2-1607호
등록일자 | 1993년 9월 4일

(110-730) 서울특별시 종로구 세종대로 149 감리회관 16층
기독교대한감리회 출판국
대표전화 | 02-399-2008 팩스 | 02-399-4365
홈페이지 | http://www.kmcmall.co.kr
디 자 인 | 크리데오 02-2264-3650~1

값 10,000원

ISBN 978-89-8430-581-6 04230
978-89-8430-580-9 04230(세트)